Uwe Kleinert (Hrsg.)

Abriss der Geschichte des Pionier-Bataillons 88 der 46. Infanterie-Division 1938 – 1945

überarbeitet und ergänzt nach einem unveröffentlichten Manuskript von Hanns Neubauer aus dem Jahre 1969

Die in dieser Ausarbeitung gezeigten Texte und Abbildungen dienen ausschließlich zu Zwecken der staatsbürgerlichen Aufklärung, der Abwehr verfassungswidriger und verfassungsfeindlicher Bestrebungen, der Aufklärung oder Berichterstattung über die Vorgänge des Zeitgeschehens oder der militärhistorischen und wissenschaftlichen Forschung (§86 und §86a StGB).

Ich distanziere mich hiermit ausdrücklich von rechtsradikaler oder nationalsozialistischer Gesinnung!

Bibliografische Information der Deutschen Nationalbibliothek: Die Deutsche Nationalbibliothek verzeichnet diese Publikation in der Deutschen Nationalbibliografie; detaillierte bibliografische Daten sind im Internet über dnb.dnb.de abrufbar.

ISBN 9783753482484

Herstellung und Verlag: BoD – Books on Demand, Norderstedt

heeresartillerie@t-online.de

http://balsi.de/Heeresartillerie/

Abriss der Geschichte des Pionier-Bataillons 88 der 46. Infanterie-Division 1938 – 1945

Uwe Kleinert (Hrsg.) - überarbeitet und ergänzt nach einem unveröffentlichten Manuskript von Hanns Neubauer aus dem Jahre 1969

Als Manuskript in Faksimile gedruckt

Uwe Kleinert

Inhalt

I – Einleitung

- Vor einigen Jahren wurde mir „im Internet“ ein unscheinbarer Leitzordner als „Chronik Pioniere“ verkauft, dessen Inhalt sich dann als Chronik des Pionier-Bataillon 88 entpuppte. Da mein Hauptinteresse aber der Heeresartillerie gilt, stand der Ordner die letzten Jahre nur im Regal. Aber um als „Sammlerobjekt“ im Regal zu verstauben, ist dieses Manuskript einfach zu schade, zumal es unbekannt und unveröffentlicht ist.
- Ich möchte dieses Manuskript hiermit veröffentlichen in Faksimile, um den ursprünglichen Inhalt nicht zu verändern. Meine Ergänzungen sind als Text/Bild an- und eingefügt.
- Die Qualität der beiliegenden Fotos im Leitzordner ist leider nicht so gut, sie sind auch nicht beschriftet. Ich habe versucht, das besten Fotos zu zeigen.

- Ich verwende nur die Bezeichnung Pionier-Bataillon 88 unabhängig von der jeweiligen Beweglichkeitsform, das Bataillon war vermutlich den ganzen Krieg über als „teil-motorisiert“ eingestuft.

- Ich habe vor, außerhalb meiner Buchreihe „Organisationsgeschichte der deutschen Heeresartillerie im II. Weltkrieg - Artillerie als Heerestruppe“,“ weitere interessante Nicht-Artillerie-Projekte zu veröffentlichen.

- Bedanken möchte ich mich ganz herzlich bei Diana (die besonders hilfsbereite Handschriftentzifferin der Extraklasse aus dem Forum-der-Wehrmacht) und Robert/Balsi für die Betreuung der Homepage. (www.balsi.de/heeresartillerie)

- Viel Spaß!

Ein liebevolles Dankeschön an meine Familie!

Ohne Eure stetige Unterstützung, Hilfe und Liebe wäre dies hier nicht möglich in diesen für mich und Euch besonders schweren Tagen!!!

-

Und nicht zu vergessen Frau B. – Ihnen gilt an dieser Stelle mein besonderer Dank! Danke ganz herzlich für Ihre wertschätzende, geduldige und verständnisvolle Unterstützung, Beratung, Hilfe und die Sicherheit, die Sie mir geboten haben und bieten.

Spandau, im April 2021

NORDSEE
OSTSEE
KANAL
ATLANTIK
MITTELMEER
Berlin
Beverungen
Weser
Aachen
Amiens
Somme
Rhein
Vernon
Paris
Seine
Straßb.
Nürnberg
Prag
Iglau
10.5.45
Brünn
Deggendorf
Donau
Angers
Tours
Montbacon
Croix de Vie
Loire
Bordeaux
Garonne
Weichsel
Warschau
Radom
Budapest
Belgrad
Ochrid

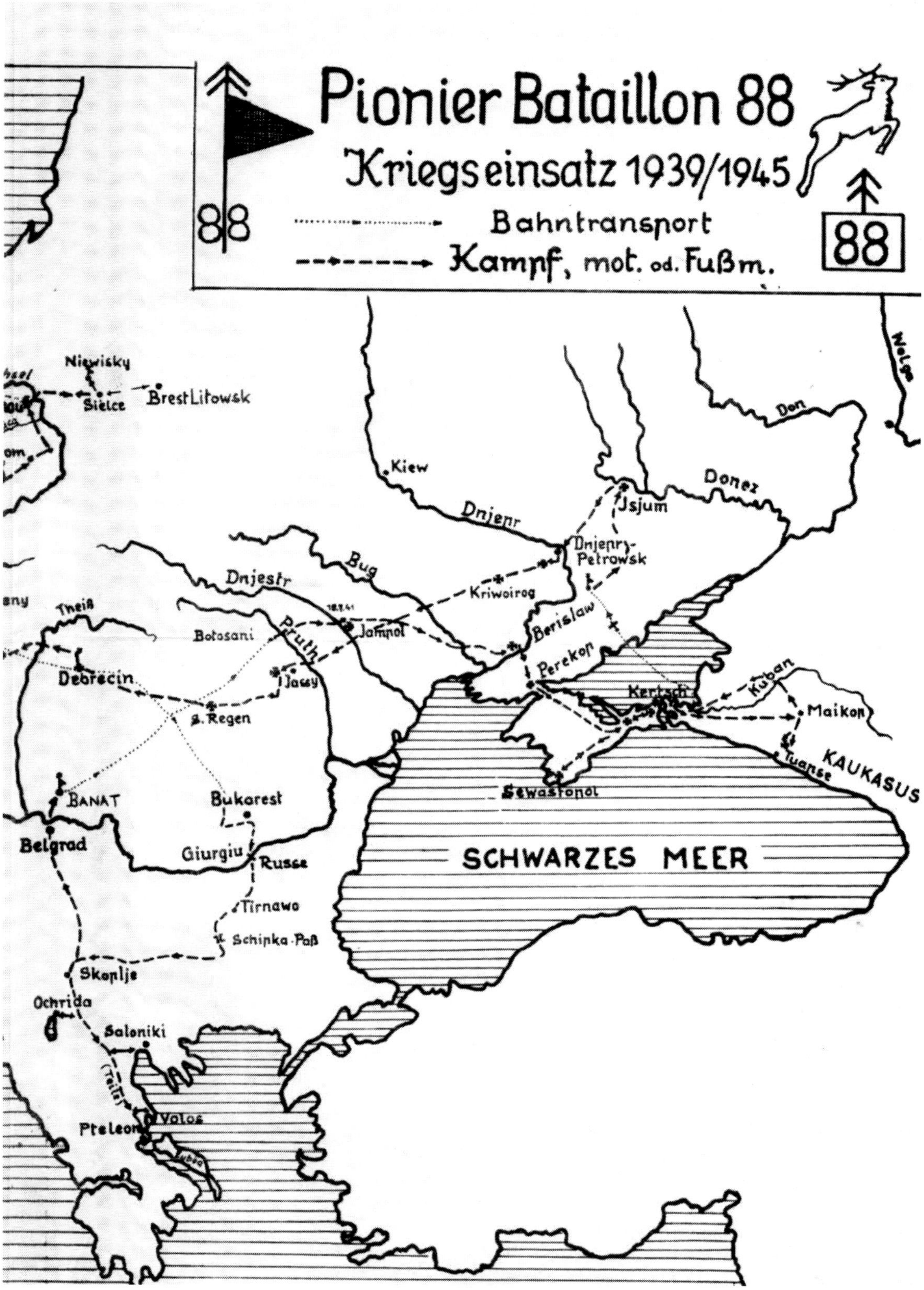
Pionier Bataillon 88
Kriegseinsatz 1939/1945
88
Bahntransport
Kampf, mot. od. Fußm.
88
Niewisky
Sielce
Brest Litowsk
Kiew
Dnjepr
Don
Wolga
Donez
Jsjum
Dnjepr-Petrowsk
Bug
Dnjestr
Kriwoirog
Theiß
Botosani
Pruth
Jampol
Berislaw
Debrecin
Jassy
Perekop
S. Regen
Kertsch
Kuban
Maikop
Tuapse
KAUKASUS
Sewastopol
BANAT
Bukarest
Belgrad
Giurgiu
Russe
SCHWARZES MEER
Tirnawo
Schipka-Paß
Skoplje
Ochrida
Saloniki
Pteleon
Volos
Euböa

II – Aufstellung und Einsatz bis zum Feldzug im Westen

2. Kameradschaftstreffen
am 21. und 22. Juni 1969
in Deggendorf

46. JD

ABRISS der GESCHICHTE
des
PIONIER BATAILLONS

88

Aufgezeichnet von Hanns Neubauer

G e w i d m e t

dem Vermächtnis und Gedenken unserer gefallenen,

verstorbenen und vermißten K a m e r a d e n ,

Geschichte des ehem. Pinonier-Bataillons 88

1. Aufstellung des Bataillons

Im Zuge des für den Herbst 1939 vorgesehenen Heeresaufbaues war geplant, nach der Eingliederung des Sudetenlandes in K a r l s b a d eine neue, und zwar die 46. Infanterie-Division zu errichten, deren zugehöriges Pinonier-Bataillon 88 in der Stadt D e g g e n d o r f (an der Donau in Niederbayern) ständige Garnison erhalten sollte. Zu diesem Zwecke wurden unter einem Arbeitsstab des Pinonier-Bataillons 10 in Regensburg, geführt von Major Dr. Hahn, die

2. Komp.Pi. 31 aus H ö x t e r (Hptm. Spangenberg und Lt. von Campe) und die

3. (mot) Komp.Pi. 22 aus N i e n b u r g (Hptm. Meiffert und Lt. Holze)

als Stamm für das neue Pi.Btl. 88 am 1.3.1939 (nach kurzem Zwischenaufenthalt in Regensburg) nach Deggendorf überführt. In den neuen Kasernen Deggendorfs, die vom III. (Jäger) Btl.Inf.Rgt. 20 geräumt worden waren, wurde Unterkunft bezogen und alle Vorbereitungen zum vollen Aufbau des Pionier-Bataillons 88 getroffen. Am 1. Okt. 1939 sollte mit der Neuaufstellung der 1. Komp. das neue Bataillon fertig stehen. Mitten in dieser mit Eifer und Nachdruck betriebenen Aufbauarbeit traf am 24. 8. 1939 der Befehl zur Herstellung der beschleunigten Marschbereitschaft ein.

2. Mobilmachung und Aufmarsch

Am 24. August 1939 vormittags, während die 2. Kompanie mit Teilen der 3. Kompanie durch den Kommandeur bei einer Übung außerhalb des Standorts in der Nähe von Metten besichtigt wurde, traf beim Btl.Stab der Befehl zur Herstellung der beschleunigten Marschbereitschaft ein. Die Besichtigung wurde sofort abgebrochen und, in den Standort zurückgekehrt, nahmen die Arbeiten nach dem Mob.Kalender planmäßig alle Kräfte in Anspruch. Am Abend desselben Tages standen die zum beschleunigten Ausrücken bestimmten Teile der 2. und 3. Kompanie abmarschbereit und die dazu gehördenden Teile der Brückenkolonne (Brüko) sowie der leichten Pionier Kolonne (1. Pi.Kol.) meldeten um 2.00 Uhr des 25. Augusts 1939 gleichfalls ihre Marschbereitschaft. Die Aufstellung der 1. Kompanie und die Auffüllung der später ausrückenden Teile der Brüko und 1. Pi.Kol. mit Reservisten nahmen am 25. 8. 1939 ihren Fortgang; um 18.30 Uhr des gleichen Tages traf der Mob. Befehl ein.

Vereidigung
Nov. 1936

Regensburg

Die Stellenbesetzung und taktische Gliederung des Bataillons zeigt folgende Übersicht:

S t a b

Kommandeur:	Major Dr. H a h n
Adjutant:	Leutnant A n b u h l
Offz.z.b.V.:	Lt.d.R. L e h m a n n
Verpfl.Offz.:	Lt.d.R. N e u b a u e r
Arzt:	Ass.Arzt d.R. Dr. B i n d e r
Zahlmeister:	Oberzahlmeister H o c h m u t h

1. Kompanie

Kp.Chef: Oblt.d.R. Sartorius
1. Zug : Lt. Fannenböck
2. Zug : Lt.d.R. Krauss
3. Zug : Lt.d.R. Vollstädt

2. Kompanie

Kp.Chef: Hauptmann Spangenberg
1. Zug : Oberfeldw. Krutemeier
2. Zug : Leutnant v. Campe
3. Zug : Lt.d.R. Pfaffinger

3. (mot.) Kompanie

Kp. Chef: Oblt.d.R. Thoermer (für den erkrankten aktiven Chef Hptm. Meiffert)
1. Zug : Oberfeldw. Lübker
2. Zug : Lt.d.R. Nützel
3. Zug : Leutnant Holze

Brüko

Führer: Oblt.d.R. Schidlo

1. Pi.Kol.

Führer: Hptm.d.R. Reiser
Ass.Arzt: Dr. Stangelmeier

Die Mob.-Arbeiten nehmen - nicht ohne kleine Schwierigkeiten, die aber im Einsatz aller Kräfte behoben werden - planmäßig ihren Fortgang und zur vorgesehenen Zeit steht das ganze Bataillon bereit zur Verladung.

Die Verladezeiten und Transportwege sind aus nachstehender Übersicht zu ersehen:

Transport	Einheit	Abfahrt	Fahrtstrecke	Ausladeplatz
1.	2.Kp. mit Tl.1.Pi.Kol.	26.8.1939 1.30 Uhr	Regensburg-Dresden-Kosel - Wildfurth	27.8.39 17.oo Uhr Wildfurth
2.	3.Kp. mit Tl.Brüko	25.8.1939 20.40 Uhr	Regensburg - Eger - Olmütz	27.8.39 5.oo Uhr Olmütz
3.	Brüko u. 1.Pi.Kol.	29.8.1939 2.oo Uhr	Regensburg - Olmütz Ratibor	30.8.39 18.oo Uhr Ratibor
4.	1.Kp. und Stab	29.8.1939 13.oo Uhr	Regensburg - Eger - Prag - Olmütz - Vosswalde	31.8.39 7.oo Uhr Vosswalde

3. Der Feldzug in Polen

Im nachfolgendem werden die Schlacht- und Gefechtsbezeichnungen und alle Einsatztage so vorgetragen, wie diese bei den Wehrmachts-Amtlichen Eintragungen (z.B. in den Wehrpässen und Stammrollen) verwendet worden sind. Für einzelne Gefechtshandlungen und sonstige Ereignisse werden - nach vorhandenen Unterlagen - Einzelheiten eingestreut.

Am 31. 8. 1939 wird der Btl.-Gefechtsstand nach B a c h h a i d e n in das Gasthaus an der Landstraße nach Guttentag vergelegt, woselbst gegen 18.oo Uhr abends der Befehl zum Angriff über die Grenze für den 1.9.1939 früh um 4.45 Uhr eintraf.

Pi. 88 war und blieb fürderhin das Pionier-Bataillon der 46. Inf.-Division mit folgenden Einheiten:

Inf.Rgt. 42, Inf.Rgt. 72, Inf.Rgt. 97 (Neuaufstellung).
Art.Rgt. 114, I/ Art.Rgt. 115 (schweres), Panzer-Jäger Abt. 52,
Aufkl.Abt. 46 (mit Panzerspähwagen - Reiter- und Radfahrschwadron),
Nachrichtenabteilung 76 und Versorgungstruppen.

1. - 3. Sept. 1939	von der Grenze bis zur W a r t h e
1. Sept. 1939	Gefecht bei Lublinitz
1. - 2. Sept.	Kämpfe um die Liswarthe
3. Sept.	Kämpfe um die Warthelinie Einnahme von Tschenstochau

4. - 27. Sept. 1939	<u>Belagerung und Einnahme von W a r s c h a u</u>
4. - 7. Sept.	Kämpfe in der Lysa Gora
6. - 7. Sept.	Kriegsbrücke über die Pilica bei Przedborz (8 to) und anschließend Umbau auf 16 to, für den Vormarsch des XIV.(mot.) Armeekorps (Panzerkorps)
8. - 12. Sept.	Schlacht bei Radom
13. - 19. Sept.	Angriff und Verfolgung bis zur Weichsel
20. - 24. Sept. 1939	Einschließung von Warschau
22. Sept. 23. Sept.	Kriegsbrücke (zuerst 4 to , dann Umbau auf 8 to, Hochwasseranlauf) bei Warka über die Pilicia
25. - 27. Sept. 1939	Angriff und Einnahme von Warschau

Die Einnahme des Forts IX von W a r s c h a u

Der Angriff auf Warschau war bis an die Peripherie der Stadt herangetragen. Die 46. Division, auf dem rechten Flügel des XIII. A.K. rechtsangelehnt an die Weichsel, hatte bis zum 25.9.1939 ebenfalls die befohlene Linie S i e k i e r k i - H e n r y k o w - nicht voll erreichen können. An der Straße W i l a n o w - Warschau, in Gegend des Forts IX, war das I.R. 72 auf stärkeren Feindwiderstand gestoßen und hier zum Stehen gekommen. Der Angriff auf Warschau sollte in den frühen Morgenstunden des 26.9.39 fortgesetzt werden. Als Voraussetzung dieses weiteren Angriffs hatte die Division die Wegnahme des Forts IX durch das I.R. 72 befohlen.

Nach kurzer Einweisung bei der Division meldete sich der Kdr.Pi.88 in den Abendstunden des 25.9.39 bei dem Kdr.I.R. 72, dem das Pi.88 unterstellt wurde, auf dessen Gefechtsstand zu näheren Besprechungen und zum Erhalt der Befehle für den 26.9.1939.

Die Erkundungen, insbesondere diejenige des Chefs der 3. (mot.)Pi.88, der sich ebenfalls auf dem Regimentsgefechtsstand des I.R. 72 befand, hatten ergeben, daß sich um das Fort IX ein 20 - 30 m breiter Wassergraben mit steilen Ufern herumzog. Über den Graben, an der Südseite des Forts IX, (auch Fort Dabrowskiego genannt), war eine Straßenbrücke vorhanden.
Im Norden - an der Kehlseite des Forts - führte eine alte, hölzerne Brücke über den Graben in den weiträumigen Hof des Forts.

Auf Grund dieser Ergebnisse wurde für den Angriff auf das Fort folgender Plan festgelegt und die notwendigen Befehle erteilt. Danach sollte das Fort IX von 3 Seiten zu gleicher Zeit angegriffen werden und zwar von Süden durch das II./I. R.72 mit unterstellter 3./Pi.88, von Westen und Norden durch das I./I.R. 72 mit unterstellter 2./Pi. 88. Von diesem Btl. wurde die 3./I.R. 72 auf dem Westteil und die 1./I.R.72 von Norden her über die alte, noch erhaltene Holzbrücke angesetzt. Die Überwindung des Wassergrabens hatte mit Flossäcken zu erfolgen. Der Angriffsbeginn war auf 5.oo Uhr festgelegt worden.

Inzwischen war die 2./Pi. 88 und 2 Züge der 1./Pi. 88, die in D. O b o r y lagen, alarmiert. Außer der Ausrüstung für den voraussichtlichen Häuserkampf, für den in den Vortagen bei den Kompanien noch weiter ausgebildet wurde, (Flammenwerfer, je 800 kg Sprengmunition für die 2. u. 3. Kp. verlastet auf Pferdegespannen) war noch die Mitnahme der großen Flossäcke befohlen.

Die 2 Züge der 1./Pi. 88 waren als Munitionsnachschubzüge für die 2. und 3. Kp. eingeteilt. Außerdem rollten 2 weitere LKW der Brüko unter Führung von Feldwebel L a n d g r a f mit Flossäcken in Richtung W a r s c h a u

Die 3./Pi. 88 war bereits vom Vortage her dem I.R. 72 unterstellt gewesen. Das vorläufige Ziel für die 2./Pi. 88 war die Straßengabel - 800 m nordwestlich W i l a n o w . Der Munitionsnachschubtrupp für die 3./Pi. 88 war zum Nordausgang W i l a n o w befohlen worden.

In dunkler Nacht mit abgeblendeten und zum Schluß mit gelöschten Lichtern rücken die Kompanien - verlastet auf LKW's der Brückenkolonne - dem brennenden W a r s c h a u entgegen. Die Pferdegespanne werden nachgezogen. Der Kp.-Chef 2./Pi. 88 ist nach Inmarschsetzung seiner Kompanie zum Kdr. I.R. 72 vorausgefahren und erhält dort seine Befehle und Weisungen.

Um 2.oo Uhr hat die Kompanie den befohlenen Punkt erreicht. Der Kp.-Chef setzt seine Kp., wie folgt ein:

Der 3. Zug wird der 1./I.R. 72 unterstellt und greift mit Stoßtrupps über die hölzerne Brücke des Forts an.
Der 1. Zug - mit 5 großen Flossäcken, unterstellt der 3./I.R. 72 - setzt diese Kp. und 1 Halbzug s.M.G. von Südwesten her über den Fortgraben über.
2. Zug -als Reserve - folgt dicht hinter dem Stab I./I.R. 72. Voraussichtlicher späterer Einsatz zu Aufgaben auf dem Fort IX.

Die Einweiskommandos des I. Btls. sind eingetroffen und führen die Züge an den zerschossenen Villen vorbei zu den befohlenen Bereitstellungsplätzen. Ab und zu pfeift ein einzelner Schuß über die Köpfe der Pioniere.

Am weitesten voran der 3. Zug der 2. Pi. 88 gelangt zunächst zum Gefechtsstand der 1. I. R. 72 und erhält dort seine Befehle. Zur eingehenden Erkundung reicht die Zeit nicht mehr aus, es wird schon langsam hell. Feindliches Schützenfeuer zwingt Infanterie und Pioniere in Deckung. Die Ausgangsstellung, dicht nördlich der alten Brücke in der Kehle des Forts, wird rechtzeitig erreicht. Feuerschutz durch einen Halbzug s.M.G. und 1. Gr. Werfer wird aufgebaut.

Mit Angriffsbeginn werden die Fenster und Öffnungen in der Kehle des Forts mit Feuer zugedeckt. Mit dem letzten Schuß stürmt die Gruppe T i t t l u s über die Brücke, bricht aber in mörderischem Feuer aus dem Innern des Forts auf der Brücke zusammen. Die tapferen Pioniere

Uffz. T i t t l u s
Gefr. M ö h r i n g
Gefr. B r a n d t
Gefr. C l a e s
Opion. J u n g
Pion. K ö h l e r

fanden den Heldentod. Die schweren Waffen werden in Deckung gezwungen. Der Angriff ist mißlungen; ein zweiter Versuch wird schon im Keime erstickt.

In der Dämmerung noch war die Ausgangsstellung der 3. I. R. 72 in den Gärten hinter den Villen dicht am Fortgraben. Die großen Flossäcke lagen bereit zum Vortragen. Als Feuerschutz waren s.M.G. in den Dachgiebeln der Villen geschickt eingebaut, leichte und schwere Granatwerfer schußbereit. Pünktlich um 5.oo Uhr stürzen die ersten Pioniere mit den großen Flossäcken aus den Villengärten über die Straße zum Fortgraben. Kaum war der erste Flossack auf dem Wasser und die Infanterie noch nicht heran, als schon durch feindliches Inf. Feuer ein Flossack wie ein Sieb durchlöchert wurde und unbrauchbar zusammensackte. Mit einem Verwundeten springt die Flossackbesatzung in Deckung.

Hier war ein Übergang nur mit Opfern zu erreichen. Der Zugführer des ersten Zuges, Oberfeldwebel Krutemeier, faßt den richtigen Entschluß, nicht an dieser Stelle, sondern weiter nördlich, am linken Flügel der 3. I. R. 72 erneut den Übergang durchzuführen. Die Verschiebung hinter den Gärten gelingt ohne Schwierigkeiten. Der 2. Versuch glückt. Als erste Welle sind 3 Inf. Gruppen ohne Verlust übergesetzt und in schnellem weiteren Übersetzen folgt die Masse der 3. I. R. 72 und Teile der

4. M.G.Kp., desgleichen geht auch der 2. Zug der 2. Pi. 88 mit über. Auf den Ansturm über die Wälle ergaben sich ca. 50 Polen.
Die Polen haben sich z.T. als ausgezeichnete Schützen gezeigt (als Baumschützen, als Einzelschützen aus Häusern hinter Deckungen). Auch hier, bei der Säuberung der Wälle des Forts, sind viele eigene Verluste durch Kopfschüsse zu verzeichnen. In der Mulde zwischen Wall und Kasematte lag immer noch flankierendes Feuer, das z.T. aus den Häusern neben dem Fort kam. Es dauerte bis ca. 7.30 Uhr, bis das Fort gesäubert war, aber die Kasematte, in der nach Gefangenenaussagen eine sehr große Anzahl von kampfwilligen Polen war, war noch unbezwungen.
Die 3. Pi. 88, bereits vom Vortage her dem II./I. R. 72 unterstellt, war die Nacht über mit dem 2. und 3. Zug an der Straße P o w s i n s k a - 700 m südlich der Straßenbrücke über den Fortgraben - zur Verfügung des I. R. 72 gelegen. Der 1. Zug war von seiner Verwendung beim II./I. R. 97, das dem I. R. 72 ebenfalls unterstellt war, noch nicht zurück.
Um 5.oo Uhr planmäßig trat von der Südseite her als vorderste Kompanie des II. Btls. die 5. I. R. 72 an der Straße Powsinska an, mit ihr der 3. Zug der 3. Pi. 88. Rechts der Straße durch die Häusergruppe halfen die Pioniere der Infanterie mit Sprengungen. In Höhe des Forts IX stößt die Infanterie auf starken polnischen Widerstand, insbesondere macht sich ein M.G.-Nest an der Straßenbrücke über den Fortgraben, das die Hauptstraße nach Süden beherrscht, unangenehm bemerkbar. Hier wurde der 3. Zug angesetzt, der mit Handgranaten das polnische Widerstandsnest vernichtete. Damit ist der Übergang über die Brücke möglich, nachdem auch noch der 2. Zug eine polnische Stellung längs des Grabens ostwärts der Straßenbrücke aufgerollt hatte. Dem II. Btl. stand nunmehr der Weg in nordwestlicher Richtung für den weiteren Angriff offen.
Nach Erfüllung ihres bisherigen Auftrags drehte die 3. Pi. 88 zum Fort hinein, rollte die nordwestlich der Straße befindlichen Schützen auf und ging gegen 9.00 Uhr auf das Fort, wo sie auf die 2. Pi. 88 stößt. Nach kurzem Einsatz auf dem Fort wird sie vom Kdr. Pi. 88 zu seiner Verfügung herausgezogen. Kurz zuvor war Hptm. M e i f f e r t , Chef der 3. Pi. 88, auf dem Wall der Kasematte gefallen.
Der Angriff auf das Fort war ins Stocken gekommen, nachdem er bis an die Kasematten herangekommen war. In die Kasematten hineinzukommen, war sehr schwer. Von Südwesten bis nach Südosten waren diese durch große Erdwälle geschützt. Von Norden her war, wie das mißlungene Stoßtruppunternehmen gezeigt hatte, nicht heranzukommen. Mit Infanterie war hier nichts zu machen,

hier konnten nur Pionierkampfmittel helfen. Da entschloß sich Kdr.Pi.88, der sich mit seinem Stab bei Angriffsbeginn beim Rgt.Gef.Std. befunden und sich dann auf das Fort begeben hatte, mit Sprengungen den Kasematten zu Leibe zu gehen und dazu die Pioniere unter seinem Befehl zusammenzufassen. Der Kp.Chef der 2. Pi. 88 erhält den Befehl, auch den 2. Zug, der nach dem Übersetzen der 3. Pi. 88 zur Säuberung der Häuserreihen am linken Flügel der 3. I.R. 72 von polnischen Schützen eingesetzt war, auf das Fort nachzuziehen. Gleichzeitig wurde die Kp. mit den Vorbereitungen zu Sprengungen beauftragt.

Als Ansatzpunkte für die Sprengungen boten sich aus dem Kasemattenwall frei heraussstehendes Mauerwerk und obere Teile von gemauerten Bögen an. Eine Sprengung der Kasemattendecke schien in Anbetracht des starken Erdwalls und der wahrscheinlich auch sehr starken, gemauerten Decke nicht erfolgversprechend. Eine Probesprengung an der westlichen Stirnseite der Kasematte mit 30 kg Sprengmunition brachte keinen wesentlichen Erfolg. Das Mauerwerk zeigte starke Risse, aber durchschlagen war es nicht. Weitere Munition wurde durch den Munitionsnachschubzug nachgeführt. An der gleichen Stelle der Probesprengung erfolgte eine zweite mit 100 kg, gut verdämmt. Die Detonation erbrachte ein Loch von ca 1 m Durchmesser und öffnete einen dunklen Raum, in dem nichts zu erkennen war. Auf hineingeworfene Handgranaten erfolgte nichts, desgleichen nichts auf den angesetzten Flammenwerfer. Trotzdem wurde hier wie auch bei den späteren Öffnungen eine Sicherung eingesetzt. Ein polnischer Versuch, 4 Handgranaten herauszuwerfen, wurde im Keime erstickt. 50 m von der ersten Sprengstelle entfernt wurde ebenfalls an einem herausragenden Mauerwerk die 3. Ladung angebracht und gezündet; der Erfolg war hier ausgezeichnet. Hier war, wie sich später herausstellte, die Wand eingedrückt und dabei die Feldküche mit Bedienung und Bespannung auf den Hof des Forts herausgeschleudert worden. Eine 4. Ladung mit ebenfalls 100 kg in der Mitte der Kasematte angelegt und gezündet, hatte einen ebenso guten "durchschlagenden" Erfolg wie bei der 3. Ladung. Gleichzeitig war man darangegangen, Handgranaten und Nebelkerzen in die Luftschächte der Kasematten hineinzuwerfen. Hierbei zeichnete sich besonders der Zugführer des 1. Zuges aus. Nach alter Bauart waren die Luftschächte gerade hochgezogen und damit auch für einen derartigen Angriff zugänglich. Nach Gefangenenaussagen hat die poln. Besatzung in dem Nebel Gas vermutet und infolgedessen hatten die meisten Polen die Gasmasken aufgesetzt. Außerdem wurde Flammenwerferöl in die Luftschächte gegossen und dieses durch Nebelkerzen entzündet. Die Wirkung der Handgranaten und Nebelkerzen war gut. Sie hatten, wie sich später herausstellte, starke Risse in den inneren Kasemattenwänden hervorgerufen. Vor allem aber ganz hervorragend hat das Flammenwerferöl gewirkt. Dieses muß, nach den rauchgeschwärzten Wänden zu urteilen, brennend in den inneren Raum gestoßen sein/ und dabei auch viele Polen erfaßt haben, die dann nach der Übergabe - schwarz wie die Neger - herauskamen. Die Anwendung des Flammenwerferöls muß auch große moralische Wirkung zur Folge gehabt haben. An den 3 Sprengstellen wurden Räume getroffen, in denen sich scheinbar keine Besatzung aufgehalten hatte - ausgenommen bei der dritten Sprengung. Ein Eindringen von Stoßtrupps durch die Sprengstellen in das Innere der Kasematten hätte in Anbetracht der starken poln. Besatzung erhebliche Opfer verlangt. Mit den bisher angewandten Pionierkampfmitteln, von denen beim Nachschubzug noch genügend vorhanden waren, mußte auch ohne Opfer die Fortbesatzung zur Übergabe gezwungen werden können.

Gegen 11.oo Uhr gab der Kdr. I. R. 72 den Befehl, auch die 3. I. R. 72 aus dem Fort herauszuziehen und übertrug dem Kdr. Pi. 88, dem auf dessen Vorschlag zu diesem Zwecke eine M.G.Kp. und 1 Lei. I. G. Zug unterstellt wurde, die endgültige Bezwingung des Forts IX. Es kam nicht mehr zur vollen Umgruppierung. Nur die 3. Pi. 88 hatte die 3. I. R. 72 abgelöst. Nach einem mißglückten Versuch eines Teiles der polnischen Besatzung sich zu ergeben, wobei der Träger der weißen Fahne von polnischen Soldaten aus dem Fort heraus erschossen wurde, ergab sich um 12.oo Uhr die Besatzung. Rund 475 Polen, darunter ca 15 Offiziere streckten die Waffen.

Die Sprengungen, die Detonation der Handgranaten, die Nebelkerzen und das brennende Flammenwerferöl hatten gute Arbeit geleistet. Das Innere des Forts vermittelte einen grauenhaften Eindruck. Gefallene, z.T. verbrannte Polen und tote Pferde lagen herum. Die Wände an den Luftschächten stark aufgerissen, durch das brennende Flammenwerferöl stark verrußt, manche Räume zum Teil ganz ausgebrannt. Der polnischen Besatzung des Forts, auf das kein Schuß Artillerie abgegeben worden war, sah man es an, daß sie schwere Stunden hinter sich hatte.

Die namentliche Erwähnung des Pi. Btls. 88 im Tagesbefehl des Korps-Kommandos XIII v. 26.9.1939, in dem es heißt:

"Nachdem schon am 25.9.1939 Hptm. H e n n e b e r g e r vom I.R. 20 mit seiner Kp. das Fort M o k o t o w s k i durch Handstreich genommen hatte, erzwang das Pi.Btl. 88 am 26.9.1939 12.oo Uhr die Übergabe des Forts D a b r o w s k i e g o", war eine Anerkennung für das Bataillon.

Die Einnahme des Forts IX war ein stolzer Erfolg für die Pionierwaffe , insbesondere für das Pionier Bataillon 88.
Die 2. Komp. wurde am Nachmittag auf der P o w s i n s k a bis zur Kirche B e r n a r d y n s k i vorgezogen, kam dort aber nicht mehr zum Einsatz und verbrachte die Nacht in den Häusergruppen südwestlich von Fort IX.
Die 3. Komp. rückte zum Rgts. Gefechtsstand J.R. 72 und übernahme bei der Gärtnerei westlich des Forts die örtliche Sicherung während die 1. Komp. in dem 150 m nördlich davon gelegenen Schulhaus Unterkunft bezog. Der Btls. Gefechtsstand, der mit Beginn des Angriffs auf das Fort in eines der südlich dieses Werkes befindlichen Häuschen gelegt worden war, verblieb dort die Nacht über.
In den Nachtstunden nahm die Artillerietätigkeit in vorgezogenen Stellungen in erhöhtem Maße zu. Ein feueriges Band von zuckenden Mündungsblitzen, das unaufhörliche Krachen der Abschüsse, das Heulen der über die Köpfe hinwegziehenden Granaten und das Klirren der restlos zersprungenen Fensterscheiben ließ niemand richtig zur Ruhe kommen. Der Gegner antwortete vereinzelt und schwach.
Mit Beginn des 27.9. um 1.oo Uhr brachte feindliches Artilleriefeuer, das anfänglich schlecht lag, der 3. Komp. erneute Verluste.
Ob.Pion. G o o s , Pion. G r a f w a l l n e r und Gefr. G e m e i n h a r d t (als Funker vom Stab zu 3.88 kommandiert) finden den Heldentod; die Pion. P a u l i , H o r s t m a n n und P h i l i p p werden verwundet.
Noch in der Dämmerung des grauenden Morgens wurden die Ausgangsstellungen zur Fortsetzung des Angriffs eingenommen, dessen Beginn auf 5,oo Uhr festgesetzt worden war.
Die 2. Komp. greift am rechten Flügel des Abschnitts mit dem II.J.R. 72 (dem die Komp. unterstellt ist) längs des Straßenzuges C z e r n i a - k o w s k a mit 2 Zügen an. Der 1. Zug ist der 3. Komp. zum Aufräumen einer Straßensperre unterstellt worden.
Für den Munitionsnachschub war der 2. Zug der 1. Komp. eingesetzt (der 1. Zug hielt noch den Fährbetrieb über die Weichsel bei O b o r k i noch aufrecht).
Im harten Kampf gegen den aus allen Häusern feuernden und in flüchtig aufgeworfenen Gräben gut in Deckung liegenden Gegner gewann der Angriff in der ersten Stunde Raum und überwand die quer zu den Straßen und durch

Hausgärten gezogenen Grabenhindernisse hinter der Loretanska. Doch konnte die C h e l m s k a nicht überschritten werden. Das nördliche Eckhaus bei der Einmündung in die C z e r n i a k o w s k a war zu einer Festung ausgebaut worden. Aus allen Fenstern und Lucken schlug den Angreifern heftiges Feuer entgegen. Neben diesem Haus sperrten große Gräben und Barikaden aus umgeworfenen Straßenbahnwagen die Straße nach Norden und Westen. Den Straßen entlang zischte stärkstes M.G.-Feuer. Doch das Eckhaus, das den Angriff nun schon mehr denn 3 Stunden aufhielt und ins Stocken brachte, sollte und mußte fallen! Stoßtrupps werden eingeteilt, geballte Ladungen vorgebracht und die Flammenwerfer angesetzt. In diese Vorbereitungen kam der Befehl: Angriff einstellen und genommene Linie halten und sichern, W a r s c h a u hat ü b e r g e b e n !

Unterdessen war die 3. Komp. am linken Flügel des J.R. 72 im Zuge der S o b i e s k i e g o zum Einsatz gekommen. Auf der Straße lag am südlichen Ende des Parkes S i e l e c k eine Baumsperre, die Kreuzung mit der C h e l m s k a war durch mehrere starke Grabenhindernisse und Barrikaden unpassierbar gemacht worden. Diese Sperren lagen unter dem vorzüglichen Feuerschutz des Gegners, der in den Häusern und in den Baum- und Buschbeständen des Parkes vorzüglich in Deckung und gut getarnt lag. Ein quer durch den Park in West-Ostrichtung eingeschnittener Wasserlauf war den Verteidigern in den Abendstunden des 26.9. entrissen worden. Von hier aus sollte der Angriff vorgetragen, der 2. Zug auf die Straßensperren und die Panzerhindernisgräben am Nordrand des Parkes und der 1. Zug auf die Baumsperre auf der S o b i e s k i e g o angesetzt werden.

Während der Angriff im Anlauf war, trat der Gegner zum Gegenstoß an; er zwang die vorderen Linien der Infanterie zum Zurückgehen und drohte längs der Straße Raum zu gewinnen. Obfw. L ü b k e r warf im raschen Entschluß seinen 3. Zug über die Straße auf die Westseite vor, riß durch diesen Einsatz die im Zurückgehen befindliche Infanterie wieder nach vorne und brachte den Angriff des Gegners zum Stehen. Ob.Pion. M ü l l e r und die Pion. G r e i n e r und M ü l l e r fanden bei diesem hervorragenden Einsatz des 1. Zuges der 3. Komp. den Heldentod. Verwundet wurden: Gefr. K r u s e , Pion. M e s n e r und Pion. T i e t g e .

Dem im Park sich nach Norden unter der Führung von Lt. F a n n e n b ö c k vorarbeitende Stoßtrupp des 2. Zuges traf gleichfalls der Ausfallversuch der Polen. In der ersten Überraschung glückte es dem Gegner auch hier, die eigene vordere Stellung einzudrücken und die vorderen Linien zum Zurückgehen zu zwingen. Der Stoßtrupp der Pioniere hält im zähen, verbissenen Kampf mit Resten der Infanterie, die zahlreiche Verluste erleidet, den Feind in der Mitte des Parkes so lange auf, bis eingreifende Reserven, darunter der 3. Zug der 1. Komp. unter Führung von Lt. L e h m a n n , eintreffen und die Lage wiederherstellen. In heldenmütigem Einsatz besiegeln Lt. F a n n e n b ö c k und Pion. H a r t h a u s e n ihre Treue zu Deutschland mit dem Tode.

Die Baumsperre auf der S o b i e s k i e g o lag beständig unter dem Geschoßhagel der feindl. Infanterie und M.G. Garben peitschten durch die Äste. Die Granateinschläge eines Pak-Geschützes, das in naher Entfernung in Stellung gegangen war, lagen mitten auf der Straße und zwangen die Pioniere in Deckung.

Obwohl gegen 9.oo Uhr auch hier die Nachricht durchsickerte, daß Warschau kapituliert habe, lag auf dem südlichen Teil des Parkes bei der Baumsperre noch mehr als 2 Stunden lang, schwerstes Artillerie und M.G.-Feuer, so daß die vordere Linie etwas zurückgenommen werden mußte. Erst gegen die Mittagstunden nahm die Stärke des Feuers mehr und mehr ab und machte sich der Waffenstillstand auch bei den Polen bemerkbar. Doch dauerte es noch längere Zeit, bis nach kurzen Feuerstößen und einzelnen Schüssen vollkommene Ruhe eintrat und auch dadurch kund wurde:
Warschau ist bezwungen!
Die Freude und Begeisterung über das Erreichte war allgemein und groß. Auch die Sonne, die sich in den letzten Tagen verborgen hatte und in den Vormittagstunden nur schwach die schweren Rauchwolken, die über der Stadt hingen und nach Südosten abzogen, durchdringen konnte, brach durch und ein leuchtender Spätsommertag vermehrte das stolze Gefühl dieses Tages.
Noch blieben einzelne Züge der Komp. als Sicherungen vorgeschoben; gegen Abend bezogen Stab und die Kompanien die Unterkünfte des Vortages.
Der nächste Morgen (28.9.1939) sieht die Kompanien z.T. bei Aufräumungsarbeiten in den Straßen. Um den Verkehr aufnehmen zu können, sind viele Hindernisgräben und Barrikaden zu beseitigen. Bis zum Nachmittag werden zahllose Beutestücke aus den Häuserblocks gesammelt und zur Beutesammelstelle nach W i l a n o w gefahren. Der 2. Zug der 3. Komp., welcher

an der Demarkationslinie, die vorläufig nicht überschritten werden durfte, als Sicherung stand, wurde um 10.oo Uhr durch den 3. Zug abgelöst. Doch rückte bereits um 14.oo Uhr die ganze Komp. im Rahmen des Btls. nach K o n s t a n c i n , um in den dortigen Villen der Waldkolonie Unterkunft zu beziehen.

Nach Vorausgegangener Erkundung wurde dort für den Stab und die 3. Kompanie Quartier in schönen Häusern beschafft. Während die 1. Pi.Kol. in ihrer bisherigen Unterkunft in P o w s i n verblieb, rückt am Abend die Brüko von P o w s i n e k nach J e d z i o r n a und bezog dort Ortsunterkunft, nachdem mit den LKW der Kolonnen die beiden Fußkompanien in ihre neuen Quartiere befördert waren.

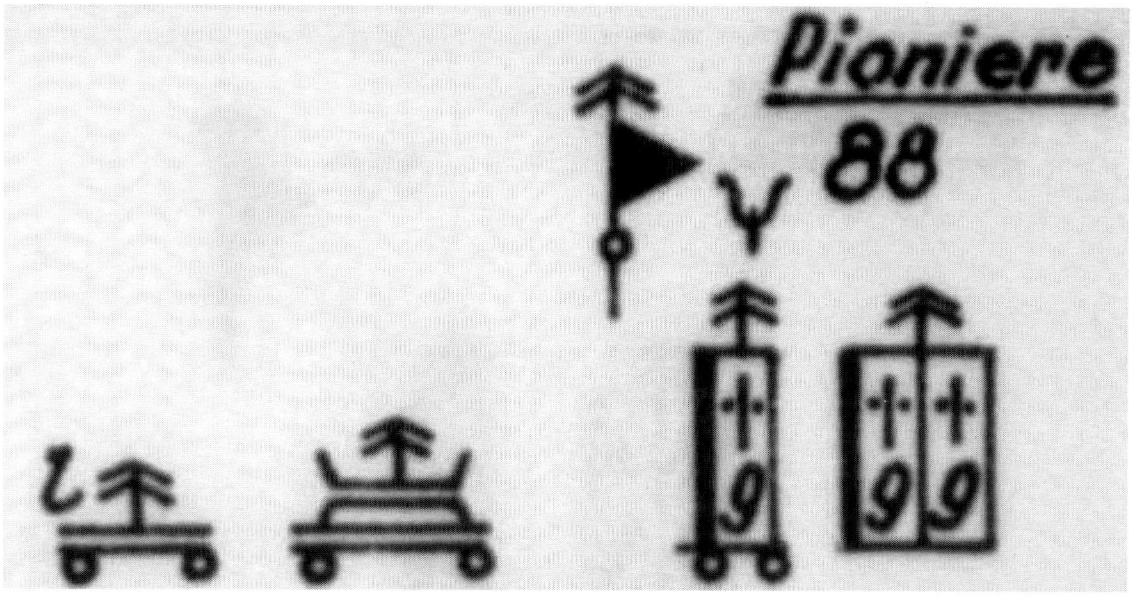

15.01.1940

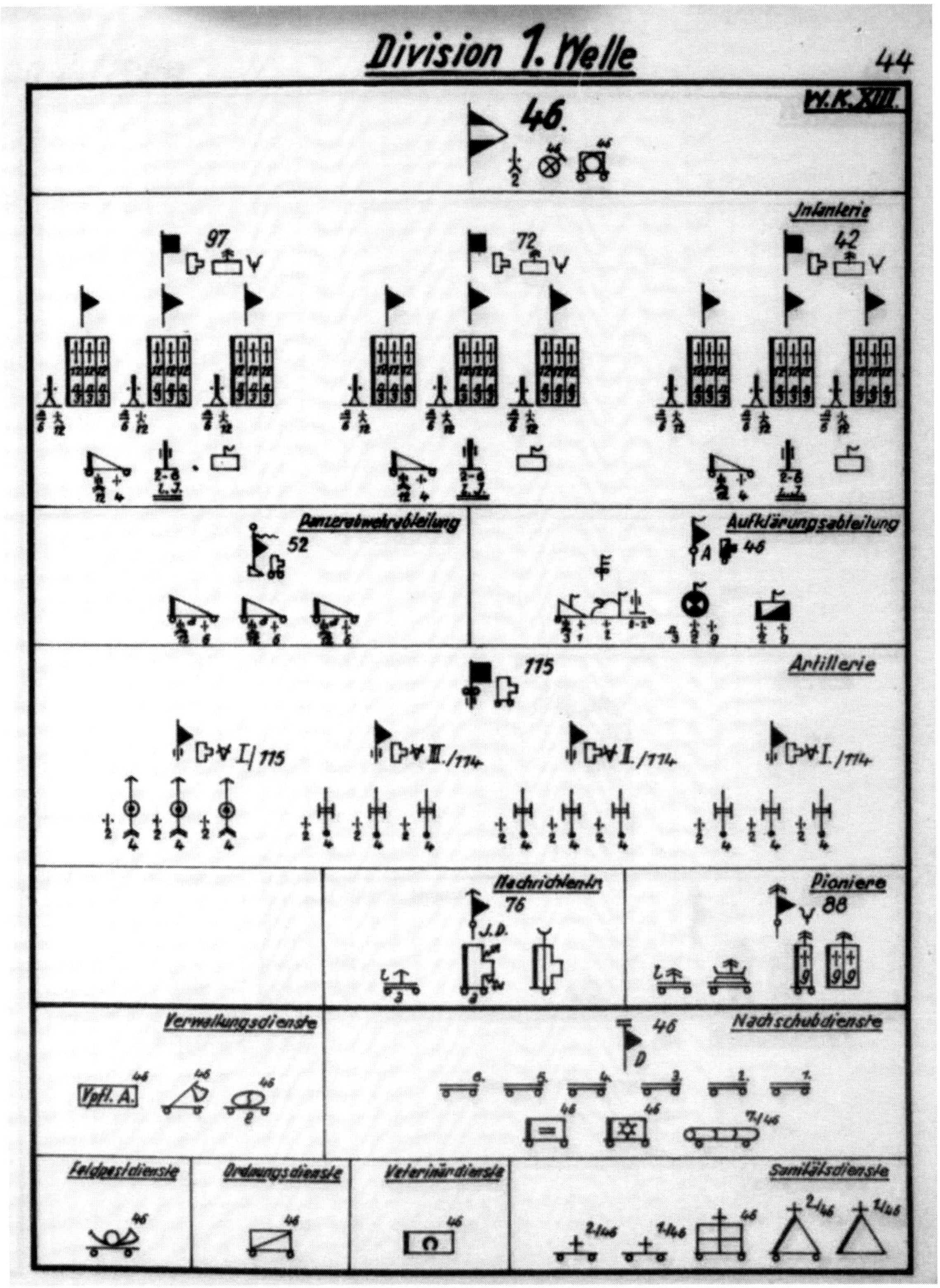
Division 1. Welle
44
W.K. XIII
46.
Infanterie
97
72
42
Panzerabwehrabteilung
52
Aufklärungsabteilung
46
Artillerie
115
I/115
Pioniere
88
Verwaltungsdienste
Vpfl. A.
Nachschubdienste
46
Feldpostdienste
Ordnungsdienste
Veterinärdienste
Sanitätsdienste

15.01.1940

28. 9. - 4. 11. 1939	Sicherung des Generalgouvernements
28. 9. - 9. 10.	von Warschau bis zum Bug
1. Oktober	Feldgottesdienst im Beisein des Div.Kdrs. Generalmajor von Haase im Park b. Btl.Gefechtsstand
2. Oktober	Siegesparade in Warschau
6./ 7. Oktober	Vormarsch über Minsk zum Bug
7. - 31. Oktober	Sicherung des Raumes am Bug (Zusammentreffen mit Sowjet-Soldaten!)
1. Oktober	Rückmarsch über Warschau nach Wiskitki und Bolimow (ca. 30 km westlich Warschau)
4. und 5. November	Bahntransport in den Raum um Höxter a.d. Weser
	Ab 6./7. November bezogen Unterkunft Stab und 1. Komp. in Beverungen,
	2. Komp. in Dalhausen
	3. (mot) Komp. in Herstelle
	Brücko in Tietelsen und Rothe
	lei.Pi.Kol. in Haarbrück.
5.11.39 - 12.5.1940	Unterkunft und Auffrischung in Westfalen 1. Komp. im Frühjahr 1940 zur Ausbildung als Luft-Landetruppe zum Sennelager abgestellt.

Beverungen a.d. Weser
Nov. 1939 – Mai 1940.

Februar 1940

Externsteine
Teutob.-Wald

März 1940.

März 1940.

III – Feldzug im Westen

- 15 -

Feldzug in Frankreich

13. Mai 1940 – 9. März 1941

A. **Nach den amtlichen Gefechtsbezeichnungen**

13. Mai 1940 – 23. Mai 1940	Vormarsch durch Holland und Belgien (von Aachen aus über Maastricht)
24. – 30. Mai 1940	Vormarsch durch Nordfrankreich (St. Quentin)
31. Mai – 4. Juni 1940	Abwehrkämpfe an der Somme und im Brückenkopf Amiens
5. und 6. Juni 1940	Erzwingung des Sommeübergangs und Durchbruchschlacht südlich der Somme
7. und 8. Juni 1940	Verfolgungskämpfe von der Somme zur Seine
9. – 12. Juni 1940	Übergang über die Seine und Schlacht an der Seine
13. – 19. Juni 1940	Kämpfe südlich der Seine und Verfolgung bis zur Loire
20. Juni 1940	Erzwingung des Loire-Übergangs
21. Juni 1940	Brückenschlag bei Chalones über die Loire
25. Juni 1940	Waffenstillstand
26. 6. 1940	Großer Zapfenstreich mit 3. (mot) Pi 88 und Musikkorps Pi 88 bei komm. General v. Manstein (XXXVIII. AK) vor Schloß Serrant a.d. Loire
26.6.1940 – 2.7.1940	Besetzung des Departements Maine et Loire
3.7.1940 – 9.3.1940	Besetzung des Departements Indre et Loire Dazwischen Verlegung des Pi.Btls. an die Atlantikküste im Raum von Les Sables d'Olone, Stab in Croix de Viee, Übungen und Vorbereitungen für das Unternehmen "Seelöwe", d.i. Invasion in England

Zum Feldzug in Frankreich im Rahmen des XXXVIII.AKSsiehe das Buch Feldmarschall von Manstein: Verlorene Siege, 1955, Athenäum-Verlag Bonn, Seite 133 - 146 - Sturmmarsch zur Loire!

B. Der Feldzug in Frankreich

(Eigenbericht)

Mit Pionier Btl. 88 über Somme Seine, und Loire

Dieser Bericht wurde aus der damaligen Sicht des Btls. am 4./5. Juli 1940 im Schloß Cheve verfaßt. Er ist im März/April 1941 in einer wehrmachtamtlichen Zeitschrift veröffentlicht worden. Da kein Abdruck zur Verfügung steht, mußte auf den 1. Entwurf zurückgegriffen werden.

Die brennenden Öltanks und Tankschiffe im Hafen von Douai legten schwarze Rauchschwaden über die Ebene Artois, als die Kapitulation der belgischen Armee bekannt wurde und damit das Schicksal der in Flandern sich verzweifelt aus der Umklammerung zu befreien suchenden französisch - englischen Heeresgruppen besiegelt wurde.

Die 46. Division, in deren Verband Pi. 88 schon im Polenfeldzug eingesetzt war, die seit 14. Mai als Heeresreserve durch Holland, Belgien und Nordfrankreich oft dem stürmischen Vorwärtsdrängen der kämpfenden Front kaum folgen konnte, wurde dadurch zu weiterer Verwendung frei. Bereits am nächsten Tage, am 29.5.1940 machte die Division, nunmehr dem A.O.K. 4 unmittelbar unterstellt, kehrt und marschierte nach Süden ab. Pi.Btl. 88, die 2. (Fuß)Komp. auf den Fahrzeugen der Brückenkolonne verlastet, erreicht über Bapaume und Albert, vorbei an den Schlachtfeldern und Friedhöfen des 1. Weltkrieges, den Raum vor Amiens an der Somme noch am 29.5.1940 und bezieht in Contay und Vadencourt Unterkunft. Mit Ankunft der Masse der Division erfolgen in den nächsten Tagen die Ablösung der den Sommeabschnitt bisher haltenden 2. (mot) Division und die Vorbereitungen für einen Übergang über diesen Fluß. Das gesamte Btl. verlegt am 31.5.40 seine Ortsunterkunft nach Vignacourt und errichtet dort den

Btl.Gef.Stand. Bereits am Nachmittag des gleichen Tages erkundet der Kommandeur mit Lt. Neubauer die Übergangsmöglichkeiten zwischen l'Etoile und Bourdon, besonders in der Gegend der beiden nichtzerstörten Eisenbahnbrücken südlich F l i x e c o u r t . Eine kleine Gruppe von Pionieren, die, von Abbeville aus geleitet, bisher dort Wache hielten, wurde abgelöst und durch eine Gruppe unserer 3. Komp. ersetzt. Das jenseitige Ufer konnte am 31. 5. 40 noch ungehindert durch Feindeinwirkung betreten werden. Vorbereitungen zu einem Übergang für Panzer über eine der beiden Eisenbahnbrücken wurden eingeleitet. Diese beiden Brücken waren durch Sprengladungen und T-Minen gesichert; MGs waren aufgebaut.

Die Erkundungen der Übersetz- und Übergangsmöglichkeiten, die in den nächsten Tagen und Nächten folgten, mußten sich auf A- und B-Fall, d.h. einmal auf dem Abschnitt zwischen l'Etoil und la Chausséé - Tirancourt und zum anderen auf dem Abschnitt Bordon - la Chausséé - Tirancourt erstrecken.

Der rege und flotte Einsatz der Erkundungstrupps des Btl. unter Führung der Kp.-Chefs und Zugführer brachte bald ein klares Bild über Fluß- und Uferverhältnisse. War es zwar am 31.5.40 noch möglich, das jenseitige Ufer ohne erhebliche Feindeinwirkung zu betreten, so sahen die Spähtrupps bereits am 1.6.40 einzelne engl. flache Stahlhelme als Beobachtungsposten auf den jenseitigen Höhen auftauchen und während der folgenden Tage und Nächte war die Erkundung durch das Feuer der zahlreichen französischen Posten und einzelnen MGs erschwert und nur durch List und Gewandtheit möglich.
Die Unterstellung von Pi.Btl. 6 unter Kdr.Pi.Btl. 88, als Pionier-Führer der 46. Division, ermöglichten es, in rastloser Arbeit die Übersetz- und Übergangsstellen für die Division festzulegen und das Material hierfür bereit zu stellen. Das ungewöhnlich sumpfige Gelände beiderseits der Somme oder des Sommekanals beanspruchten besonderes Augenmerk hinsichtlich der An- und Abmarschwege. In ununterbrochener Folge fahren die LKWs der Brüko und der 1. Pi.Kol. unter Gestellung von Arbeitskommandos Bretter und Bohlen herbei und in rastloser Arbeit entstehen unter den Händen der Pioniere mehrere 100 Meter von Leiterstegen und Bohlenteppichen.
Reserve-Gerät für das wegen starker fdl. Einwirkung nicht mehr restlos erkundete, jenseitige Ufer war bereitzulegen, die Floßsäcke waren einzuteilen und vorzufahren.

Der Angriff über die S o m m e wird für 5. 6. 40 um 4.30 Uhr befohlen. Pi.Btl. 88 übernimmt den Streifen des J.R. 72 mit Floßsackübergang zwischen B o u r d o n und Y z e u x (2. Komp.) und Bau einer 2 to Floßsackbrücke südostwärts B o u r d o n (3. Komp.).

Am Abend des 4.6.40 beziehen die Kompanien unter Ausnutzung aller Deckungsmöglichkeiten ihre Bereitstellungsplätze und unter der Beihilfe von mehreren Inf.Kpn. und des J. Pionierzuges J.R. 72 werden Floßsäcke, Stege- und Bretterteppichstücke sowie Bohlen an die Übergangsstelle gebracht. Der Btl.Gef.Stand wird noch vor Mitternacht in den Wald nordöstlich B e l l o y verlegt und Fernsprechleitung zu den Komp.Gef.Std. vorgebaut. Fieberhaft arbeiten die Pioniere, verstärkt durch Inf. Pioniere die ganze Nacht hindurch am Flußufer, aufs Äußerste bedacht, jeden unnötigen Lärm zu vermeiden, um das Überraschungsmoment zu wahren.

Als um 4.30 Uhr das Tagesgrauen anhebt, eröffnen die bisher sorgfältig getarnten Geschütze der Div., besonders im linken Abschnitt, das Feuer und mit einem Schlage flitzt in breiter Front die erste Welle der Infanterie auf Floßsäcken, gesteuert von den Pionieren über die Somme und verschwindet im Schilf des jenseitigen Ufers. Die Überraschung ist vollkommen gelungen. Die ersten Wellen erreichten das südl. Ufer ohne Feuer zu erhalten und bereits um 5.15 Uhr beginnt die 3. Komp. mit dem Bau der Floßsackbrücke. Da erwacht der Gegner. Vereinzelte, sorgfältig getarnte Schützen und MGs, meist Neger, stören den Übergang. In das Vorbringen der Floßsackstege bei der 2. Komp. schlägt Artilleriefeuer und bringt den Ausfall von 12 Unteroffizieren und Mannschaften. Doch greifen sofort neue Pioniere zu und reißen damit auch wieder die Inf. über den Fluß. Die Fertigstellung der Floßsackbrücke wurde durch starkes, gutliegendes Artilleriefeuer wohl verzögert, aber nicht aufgehalten. Die Arbeit an den jenseitigen Abfahrtswegen ist größer als vermutet wurde, (mehrere 100 m sumpfige Wiesen müssen überwunden werden) doch bereits um 9.oo Uhr rollen die ersten Fahrzeuge über den Fluß.

Unaufhörlich drängen die Truppen nach vorne und wetteifern, über den Fluß zu kommen; es war ein erhebendes Bild, die Massen die jenseitigen Uferhänge emporsteigen zu sehen. Wohl halten sich verzweifelt wehrende Reste des Gegners in den Ortschaften (H a n g e s t s u r S o m m e und P i q u i c n y), jedoch das Vorwärtsdringen in breitester Front können sie nicht hindern. Bald sind Brückenköpfe gebildet und Heerespioniere an der Arbeit, um feste Behelfsbrücken zu erstellen. Die Division verfolgt den zurückgeworfenen Gegner. Den hartnäckigen Widerstand des Gegners in Hangest sur Somme bricht ein Angriff der Stukas erst um 19.00 Uhr; das ganze Dorf wird dadurch in Trümmer gelegt.

Das Btl. übergibt den Brücken- und Verkehrsdienst und folgt der Division, die in raschen Schlägen den Gegner, dort wo er sich erneut zur Wehr setzen will, über C a v i l l o n zurückwirft. Unter Ausnützung der Feuerpausen und Benützung gedeckter Wege schieben sich die Truppen nach vorwärts und drängen den Gegner zurück.

Der schnelle Vorstoß einer rasch gebildeten Vorausabteilung (I. J.R. 72, Pz.Jäg. 52 und (mot) 3.Pi. 88) sichert am 8.6.40 den Übergang bei B o y - B r i s s y noch vormittags und ermöglicht den raschen Vormarsch der Division, (der trotz mehrmaliger fdl. Panzerangriffe zwischen H a l l o y und M a r s e i l l e gegen die nur von der 1.k.Div. schwach gesicherten linken Flanke über G r a n d v i l l e r s erfolgt) die dem Gegner keine Ruhe gönnt und ihn dort, wo er sich zur Verteidigung einrichten will, wirft. In Grandvillers wird die 2. Komp. gegen feindliche Panzer mit Minen eingesetzt.

Die Vorausabteilung, dabei wieder die 3. Pi. 88, stößt am 9.6.40 gegen die Brücke über die S e i n e bei V e r n o n vor, kann aber deren Sprengung nicht mehr verhindern. In richtiger Erkennung der Sachlage erkundet Kp.Führer der 3. Komp. sofort die Übergangs- und Übersetzmöglichkeiten über die Seine noch in der Nacht vom 9. auf 10.6.40.

Das Btl. wird in einem Zuge die 75 km lange Strecke gegen Vernon vorgeworfen. Die 1. Komp., von einem Pionier-Komp.-Lehrgang aus der Senne entlassen, stößt während des Vormarsches, kurz vor Vernon zum Btl.. Um Mitternacht werden Teile der Brüko und alle Floßsäcke nach Vernon[illegible] gebracht und in fieberhafter Arbeit alle Vorbereitungen für einen Übergang über die Seine, der auf 3.30 Uhr (10.6.40) festgesetzt wurde, getroffen. Nach kurzem Feuerschlag auf die Stadt setzt 3. Komp. stromabwärts das I. J.R. 72 und eine M.G. Komp. über, die ohne feindl. Gegenwehr das jenseitige Ufer erreichen und gegen Vernon Raum gewinnen. Die Einschläge feindlicher Artillerie liegen meist zu kurz; sie bringen keine Störung und können umgangen werden.
In der Nähe des alten Schlosses kann unterdessen die 2. Pi. 88 mit großen Floßsäcken mit dem Übersetzen beginnen und nach Einsatz der 1. Komp. wird anschließend nach Fertigstellung zweier 4 to vierfach-Fähren der Übersetzbetrieb in größerem Umfang aufgenommen. Trotzdem MGs und Einzelschützen aus der Stadt noch die Übergangsstellen unter Feuer nehmen und mehrmaliger

MG-Beschuß durch Flieger erfolgt, erleidet das Vorwerfen der Truppen keinerlei Einbuße. Die schneidige und stets einsatzbereite Haltung unserer Pioniere trägt wesentlich zur schnelleren Heranholung der wartenden Kolonnen, Fahrzeuge etc. bei.
Die sorgfältige und aufmerksame Wache sichtete in der Nacht vom 10./11.6 40 erstmalig fdl. Treibminen in der Seine und brachte etwa 30 Stück durch Beschuß zur Detonation. Da im Laufe des Vormittags der Zustrom dieser gefährlichen Schwimmkörper anhält und sich verstärkte, wurde als Schutzmaßnahme dagegen 5 km oberhalb Vernon, bei der Schleuse von Port - Villes, eine Auffangvorrichtung aus Schwimmbalken und Kettengliedern, die von den Franzosen bereits für den gleichen Zweck hergerichtet war, eingebaut und außerdem kurz oberhalb Vernon zwischen Ufer und Insel eine weitere Sperre aus Maschendraht quer durch den Fluß gezogen.

Unter Beiziehung dreier vom Korps zugeteilter und dem Btl. unterstellten Brückenkolonnen wurde in der Nacht vom 11./12.6.40 mit dem Bau von 4 to Fähren zum Kriegsbrückenschlag begonnen und nach aufopfernder Arbeit konnte, nachdem Landbrücken jenseits und diesseits unter schwierigen Verhältnissen erstellt worden waren, um 8.oo Uhr vorm. die mehr als 200 m lange Brücke als fertig gemeldet und für den Verkehr freigegeben werden. In unaufhörlicher Folge setzte nun die Masse der Division und folgende Truppen darüber. Für den Gegenverkehr wurde der Fährbetrieb aufrecht erhalten.

Mehrere Annäherungsversuche feindlicher Flieger wurden durch Flak-Beschuß vereitelt. Als jedoch am Abend des 12.6.40 die Flak abrückte und über den Strom nach vorne gezogen wurde, gelang es am 13.6. um 4.15 Uhr nach mehrmaligem Anflug im Tiefangriff einem fdl. Flugzeug einen Volltreffer auf die Brückendecke zu erzielen. Durch zahllose Splitter getroffen, sanken vier Fähren ab, sechs brave Pioniere fielen auf ihrem Posten und viele erlitten Verwundungen.

Durch sofortige Aufnahme des Fährbetriebs wurde das Übersetzen der notwendigsten Einheiten über den Strom in Fluß gehalten. In zäher und schwieriger Arbeit wurden die abgesackten und zerschossenen Fähren gelöst, neue Ersatzfähren eingefahren und bereits um 9.oo Uhr, also nach knapp vier Stunden, konnte die Meldung erfolgen: Brücke wieder vollständig für den Übergang frei.

Die Regelung des ungewöhnlich starken Verkehrs, das Bergen der abgesackten Fähren, die Aufrechterhaltung des Übersetzbetriebes, das ständige Ausbessern der durch Treibminen zerstörten Fangnetze, das Anlegen von zwei weiteren Landebrücken als Ausweichstellen und der Bau neuer Minenfangnetze sowie die Übernahme des Fliegerschutzes, bewältigte das Btl. mit Anspannung aller Kräfte und unter außergewöhnlich hoher Anforderung an jeden Einzelnen.

Die feindlichen Flieger kamen weiterhin am Tage, abgewehrt durch die nun zahlreich Sperre fliegenden Jäger, nicht mehr zum Angriff auf die Brücke, deren Bedeutung nahe lag. In der folgenden Nacht vom 13./14.6.40 gelang es jedoch einem gegnerischen Flugzeug in der Nähe der Brücke eine Reihe Bomben abzuwerfen. Eine kam dicht Oberstrom der Brücke in den Ästen der das Ufer besäumenden Bäume zur Detonation und warf ihren Splitterhagel mitten in einen Zug der 2. Komp., der dort ein neues Minennetz einbaute. Mit dem Komp. Chef Hptm. S p a n g e n b e r g und dem schwer verwundeten Zugführer Lt. C h o r b a c h e r wälzten sich 35 tapfere Pioniere mit zum Teil schwersten Verwundungen am Ufer der Seine; fünf davon betteten wir angesichts der Stätte unseres Stromübergangs im stillen Friedhofwinkel zu Vernonette zur "ewigen Wache" am Strom. Die stolze, erhebende und klaglose Haltung der Pioniere, sichert ihnen ein bleibendes Erinnerungsblatt in der Geschichte des Btls. und gab Zeugnis für den erhabenen Geist des Pion.Btls.

An dem gleichen Morgen, an dem die 1. und 2. Komp. alle Kräfte zum Schutze der Brücke einsetzten, war die 3. Komp. schon weit über die Seine, der vorwärtsstürmenden tapferen Infanterie gefolgt, um die linke, offene Flanke der Division in Richtung M a n t e s - V e r s a i l l e s zu schützen. Als Wegebahner für die Infanterie erhielten beim Wegräumen einer der vielen Straßensperren in B o n i e r e s durch eine versteckt eingebaute Mine 8 Pioniere zum Teil schwere Verwundungen, der Gruppenführer starb auf dem Weg zum Lazarett.

Der blitzschnelle, überraschende Vorstoß über die Seine verwehrte dem Gegner einen Neuaufbau seiner Verteidigung; die rasche Verfolgung warf jeden einzelnen, örtlich gebundenen Widerstand über den Haufen. Die Brücken des Eure-Baches kamen unversehrt in die Hände der Vorausabteilung, (wieder bahnte unsere 3. Komp. durch viele Sperren den Weg), der letzte Widerstand in C h a t e a u n e u f wurde gebrochen; das Grab am Waldesrand vor diesem Ort und mehrere Verwundete geben auch hier Zeugnis von Kampfeswillen und Vorwärtsdrang der Pioniere.

Vom 17. bis 19.6.40 wird die Verfolgung in schnellstem Tempo hunderte von Kilometern vorgetragen.
In den Abendstunden des 19.6. erreicht die 3. Komp. mit der Vorausabteilung das Ufer der L o i r e.
Die Zerstörung der Brücke kann nicht mehr verhindert werden. Noch in der Nacht vom 19./20.6. bereitet der Führer der 3.Komp. den Übergang mit Floßsäcken vor und eine Stunde nach Mitternacht betrat ein Zug dieser Komp. als erste Soldaten unseres Armee-Korps das Südufer der Loire, bildeten den Brückenkopf und übernahmen durch Anlage von Minenriegeln die Sicherung gegen fdl. Panzer. In rascher Folge rudern dann unsere Pioniere bei M o n t - J e a n x das I. I.R. 72 und Teile der Aufklärungsabteilung sowie unserer Panzerjäger 52 über den Fluß.

Unter Zurücklegung einer Wegstrecke von 170 km wurde der Rest des Btls. am 20.6. an die Loire vorgeworfen und nahm noch in der folgenden Nacht die Vorbereitungen zum Bau einer Landbrücke bei I n g r a n d e s auf.
Da kommt am frühen Morgen des 21.6. der Befehl, daß das Btl. eine Kriegsbrücke bei C h a l o n n e s zu schlagen hat. Alle 3 Komp. werden sofort dorthin beordert, die von der Armee zur Verfügung gestellten Brückenkolonnen werden herbeigezogen und eingewiesen. Sofort wird mit dem Bau von Landebrücken und Fähren begonnen. In den Mittagsstunden wurde eingefahren und kurz nach 14.oo Uhr konnte die Brücke für den Verkehr freigegeben werden. Eine hervorragende Leistung eines einzigen Pionier-Bataillons, die dank der unermüdlichen Ausbildung und der klaren und sicheren Führung, des hohen Könnens aller Führer und Uffz. und des letzten Einsatzes aller unserer braven Pioniere zustande gekommen war. Der Vormarsch der Vorausabteilungen der 6. und 27. Division, denen sich sofort die Masse dieser Divisionen anschloß, brachte dem Brückendienst und der Verkehrsregelung nicht geringe Arbeit. Die Aufrechterhaltung des Gegenverkehrs durch Fährbetrieb, der durch den Einsatz des Fährseilgeräts gefördert wurde und der Einbau von Minenfangnetzen brachte dem letzten Mann, auch der Kolonne, große Anstrengungen und oftmals mußte die Ablösung lange auf sich warten lassen.
Doch das Bewußtsein, vor der Spitze des ganzen Korps auf einer Flußlänge von mehr als 100 km als erstes Pionierbataillon eine feste Verbindung zum Südufer der Loire geschlagen zu haben, verstärkte die Anstrengung aller Kräfte und gab jedem Pionier stolze Genugtuung.

Dankbar begrüßt das Btl. die Anerkennung des kommandierenden Generals des XXXVIII.AK's von Manstein, den es sooft an der Spitze seines Korps gesehen hatte, als das Musikkorps und eine gemischte Komp. unseres Pionier Bataillons am Abend des 26.6.40 zur Feier des Waffenstillstandes zum Großen Zapfenstreich vor der Terrasse des schönen Schlosses S e r r a n t am Ufer der L o i r e aufmarschieren durfte.

Anläßlich des Appells zum Waffenstillstand auf der Wiese hinter C h a l o n n e s würdigte der Kommandeur in einer Ansprache den heldenmütigen Einsatz des Bataillons, nicht ohne der Kameraden in Dankbarkeit zu gedenken, die in treuer, selbstloser Erfüllung ihrer Pflicht vor dem Feind geblieben sind. Mit der Verleihung des Eisernen Kreuzes beider Klassen an die Besten unseres Bataillons haben diese letzten stolzen und schönen Tage einen würdigen Abschluß gefunden.

Dinant
L'église et la Citadelle.

Mai 1940.

Château de Suzanne (Somme). — Vue du Parc

an der Loire

Juni 1940.

am Atlantik Sept.-Okt. 1940.

An der Loire

bis März 1941

bis März 1941

VEIGNE (I.-et-L.) Le moulin sur l'Indre A. B

Couzieres

IV – Der Feldzug auf dem Balkan

- 24 -

Feldzug auf dem B a l k a n

(nach den amtlichen Bezeichnungen
für die 46. JD.)

10. März 1941 bis 21. März 1941	Bahntransport von Frankreich nach Rumänien
22. 3. - 25. 3. 1941	Lehrtruppe in Rumänien
26. 3. - 5. 4. 1941	Einmarsch in Bulgarien
6. 4. - 13. 4. 1941	Bereitstellung für den Balkanfeldzug
14. 4. - 30. 6. 1941	Sicherung des ehemal. jugoslavischen Raumes

Balkanfeldzug im Rahmen des Pi.Btls. 88

Diesen Einträgen im Wehrpaß zum Feldzug auf dem Balkan wären für Pi. 88 noch hinzuzufügen:

1. die Sturmfahrt einer rasch zusammengestellten "Übersetzabteilung" von Monastir über Velos, Larissa, Volos zur Bucht von P t e l e o n am Golf von V o l o s - für das Übersetzen zur Insel Euböa - und
2. der elegante "Hinauswurf" der Italiener aus der schönen Stadt O c h r i d a am gleichnamigen See, die Indienststellung des Motorschiffes "Deggendorf", die feierliche Übergabe der Stadt Ochrida an die Bulgaren und die damit verbundenen Festlichkeiten.

Landmarsch
durch Bulgarien
April 1941.

Паметника за освобондението ни-Шипч. проходъ
101 Das Denkmal der bulg. Befreiung

Bulgarien

Mazedonien. (Bulg. - Griechenland.)
April 1941.

Brückenbau

Ečka.
bei Vel. Bečkerek. bis Juni 1941
(serb. Banat)

V – Der Feldzug im Osten

- 25 -

Der Feldzug im Osten

Vorerst auch hier nur die amtlichen Eintragungen im Wehrpaß mit ganz wenigen zusätzlichen Ergänzungen.

Ununterbrochener Einsatz im Osten vom 1. Juli 1941 - 8. Mai 1945.

1.7.41 - 7.7.41	Bahntransport vom Banat nach Bessarabien
8.7. - 13.7.41	Vormarsch zum Aufmarschgebiet der 46. I.D.
14.7. - 18.7.41	Pi. 88 wird vom Pruth zum Dniester vorgezogen, der 1. Welle zum Angriff über den Dniester unterstellt und bereitet den gewaltsamen Übergang über den Dniester vor. Übergang bei Soroki am 18. Juli 1941 gelingt dank ausgezeichneter Vorbereitungen seitens des Pi.Btls. 88 - der gewaltsame Übergang über die Somme in Frankreich war hierzu eine recht geeignete Schulung - an allen Übergangsstellen. Anschließend Kriegsbrückenbau, hier "blieb ein Loch!", Übersetzverkehr, Fertigstellung der Brücke, Fliegerangriffe (dabei "Gas-Alarm").
19.7. - 25.7.41	Durchbruch durch die Stalinlinie und Verfolgung entlang des Dniesters.
26.7. - 28.7.41	Kämpfe bei Kodyma 3. Kp. (mot.) bei der Div. Vorausabteilung, zuerst unter Oblt. Holze (+), dann Oblt. Lübke (+), dann Lt. Krauss).
29.7. - 15.8.41	Verfolgungskämpfe bis zum Bug und 9.8. - 15.8. Kämpfe bei Waterloo.
16.8. - 30.8.41	Verfolgungskämpfe zwischen Bug und Dnjepr Das Btl. wird einem Pi.Rgt. unter Oberstlt. Ritter v. Heigl unterstellt und vom unteren Dnjepr weg in den Raum von Berislaw verlegt, wo mit den Vorbereitungen für den gewaltsamen Übergang über den Dnjepr ober- und unterhalb von Berislaw begonnen wird. Übergang am 1.9.41 mit unterunterbrochenem Übersetzverkehr, auch am 2.9.41, anschließend Einsatz

Familien- u. Vorname: I/6-2974/41

Hofmann, Max

geb. am: 7.9.08 in: Glaserwald Kreis: Bergreichenstein

Truppenteil: 1./Pion. Btl. 88

Ersatz-Truppenteil: Pi. Ers. Batl. 46 Regensburg Erk.-M.: 36 5./Pi. Ers. Btl. 17

Dienstgrad: Lt. der Res. z. V.

Tag, Stunde, Ort u. Art des Verlustes: 14.7.41, Ersauti

gefallen/aufgefunden/W.L./5. unten

vermißt:

Urschriftliche Verlust-Listen Nr.: 3/2

V1

Leutnant der Reserve z.V. Max Hofmann, gefallen am 14.07.1941

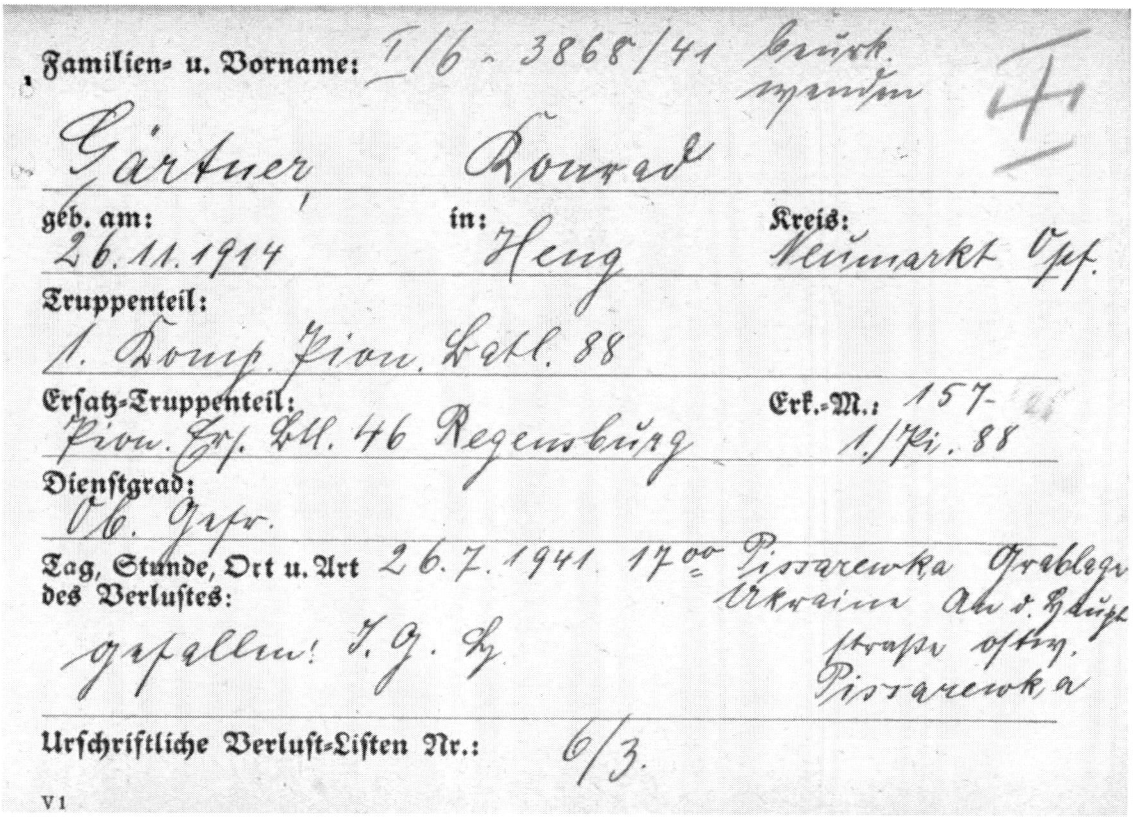

Familien- u. Vorname: I/6 - 3868/41

Gärtner Konrad

geb. am: 26.11.1914 in: Heng Kreis: Neumarkt Opf.

Truppenteil: 1. Komp. Pion. Batl. 88

Ersatz-Truppenteil: Pion. Ers. Btl. 46 Regensburg Erk.-M.: 157- 1./Pi. 88

Dienstgrad: Ob. Gefr.

Tag, Stunde, Ort u. Art des Verlustes: 26.7.1941 17^{00} Pissarewka Grablage Ukraine An d. Hauptstraße östl. Pissarewka

gefallen! I.G. Sch.

Urschriftliche Verlust-Listen Nr.: 6/3.

V1

Obergefreiter Konrad Gärtner, gefallen am 26.07.1941

Grabanlage bei Perekop

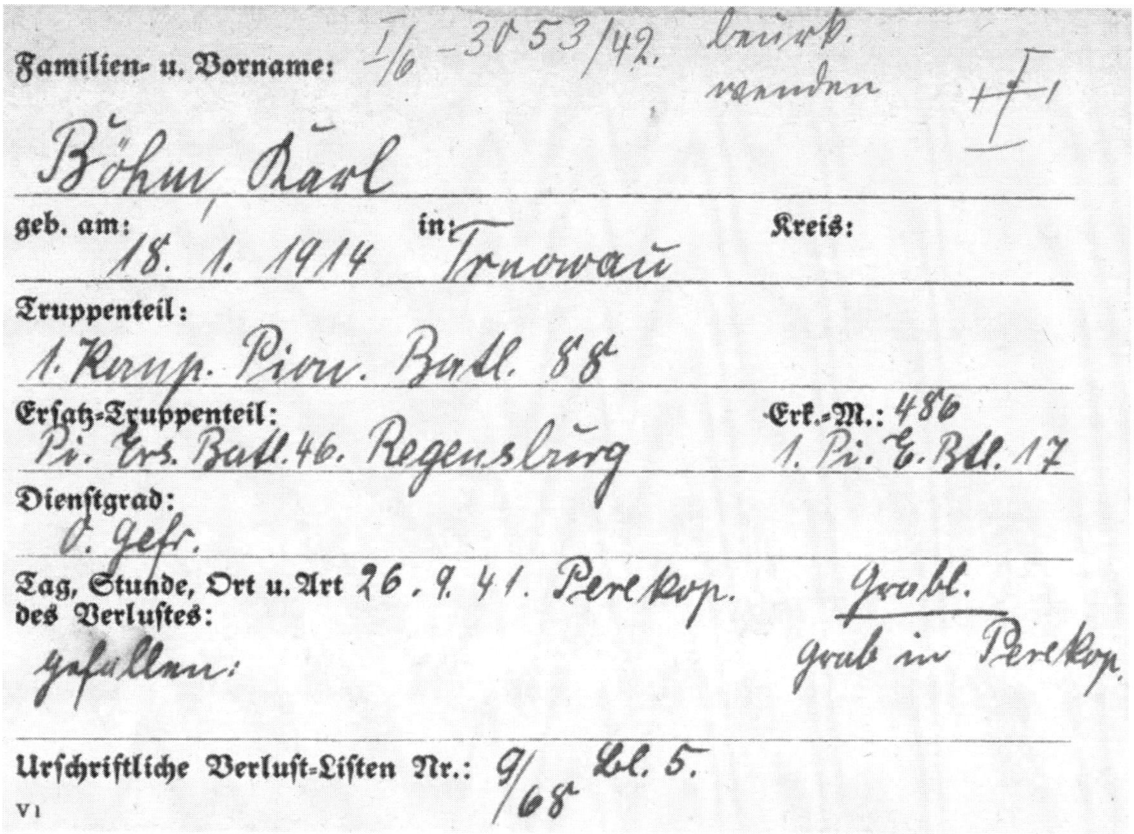

Obergefreiter Karl Böhm, gefallen am 26.09.1941 in Perekop

Obergefreiter Michael Braun, gefallen am 26.09.1941 in Perekop

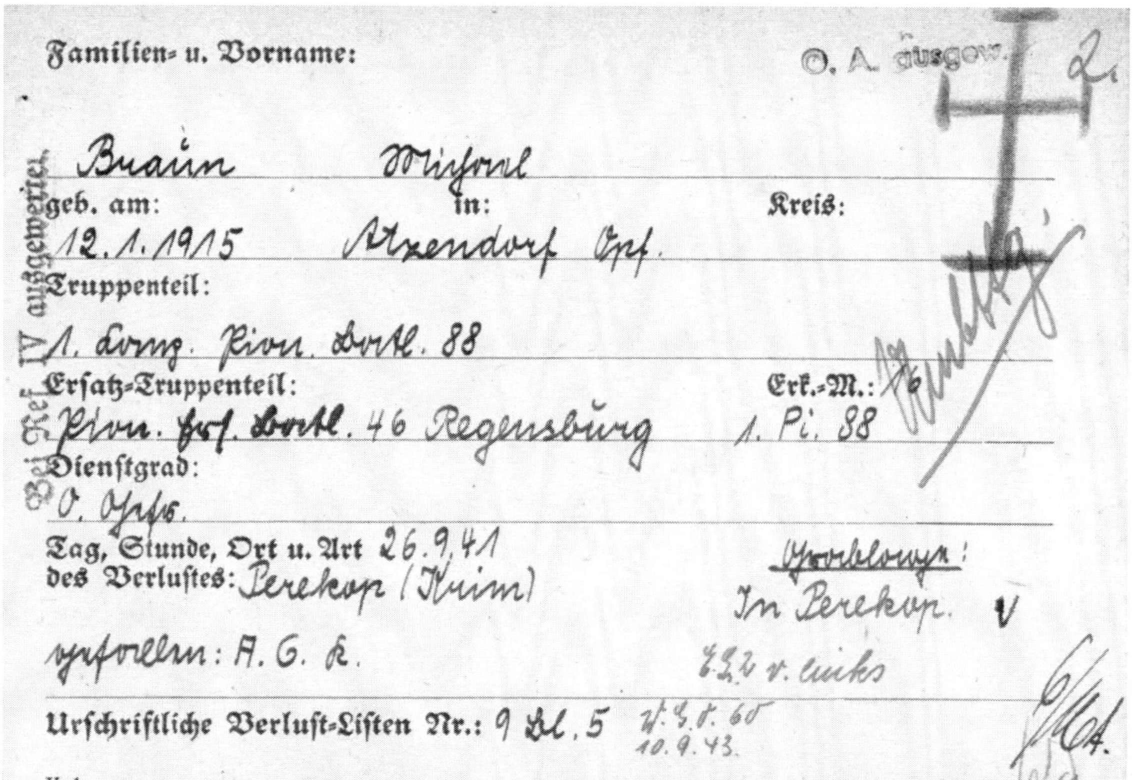

OGefr. Braun
OGefr. Karl Bohm

	an der großen Kriegsbrücke; dort bis 6.9.41, dann wieder zurück zur 46. Inf.Div..
7.9. - 23.9.	Vorstoß auf die Krimenge bei Perekop
24.9. - 30.9.	Durchbruchsschlacht bei P e r e k o p (Tatarenwall, Seeminen im Landeinsatz, Molotow-Cocktail, Ratsch-Bumm).
1.10. - 17.10.	Abwehrkämpfe in der Landeenge von Perekop.
18.10. - 27.10.	Durchbruchschlacht bei Juschun.
28.10. - 3.11.	Verfolgungskämpfe über Dshankoj auf Parpatsch.
4.11. - 6.11.	Durchbruch durch die P a r p a t s c h e n g e .
7.11. - 16.11.	Wegnahme der Halbinsel K e r t s c h .
17.11. - 28.12.	Küstenverteidigung der Halbinsel Kertsch, Unternehmen "Weihnachtsmann", am 25.12. Landungen des Gegners an vielen Stellen, Kompanien einzeln eingesetzt. Stab führt "Kampfgruppe List", hier wie an anderen Stellen der Gegner wieder ins Meer geworfen. Rückzugsbefehl!
29.12. - 31.12.	Rückzug aus der Halbinsel Kertsch. 1. Kp.!
1.1. - 14.1.42	Abwehrkämpfe nordwestlich Feodosija.
15.1. - 18.1.42	Angriff und Einnahme von Wladislawowka.
19.1. - 7.5.	Abwehrkämpfe in der Parpatschenge!

Tagesbefehl vom 27. 3. 1942

Die 46. Inf.Div., die seit dem 27.2.1942 mit kurzen Unterbrechungen ständig im schwersten Abwehrkampfe steht, hat allein in der Zeit vom 13. bis 20. März 1942 nicht weniger als 138 in Bataillons- bis Divisionsstärke geführte russische Angriffe unter schwersten Verlusten für den Gegner abgeschlagen und im wesentlichen ihre Stellung gehalten.
Die bei diesen Kämpfen gezeigte hervorragende Haltung von Führer und Truppe verdient umso höhere Anerkennung, als die feindlichen Angriffe von starken Panzerkräften unterstützt und durch Artilleriefeuer einer bisher an der Ostfront noch nicht gekannten Heftigkeit und starken Bombenangriffen auf die Stellungen vorbereitet wurden.

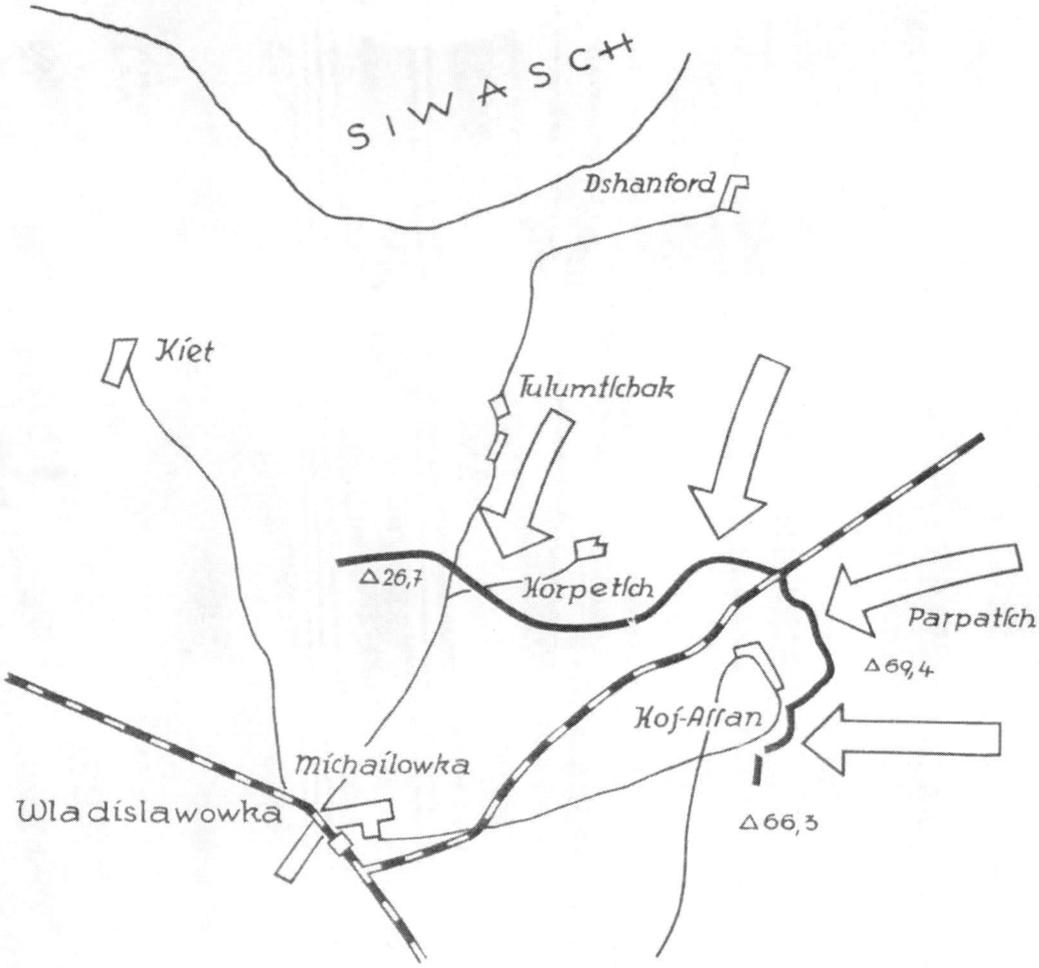

Wehrmachtsbericht

vom 20. März 1942

Die 46. Inf. Division hat seit Anfang Februar zahlreiche Angriffe weitüberlegener Gegner unter hohen blutigen Verlusten für den Gegner abgewehrt und in 11 Tagen 162 feindl. Panzer vernichtet.

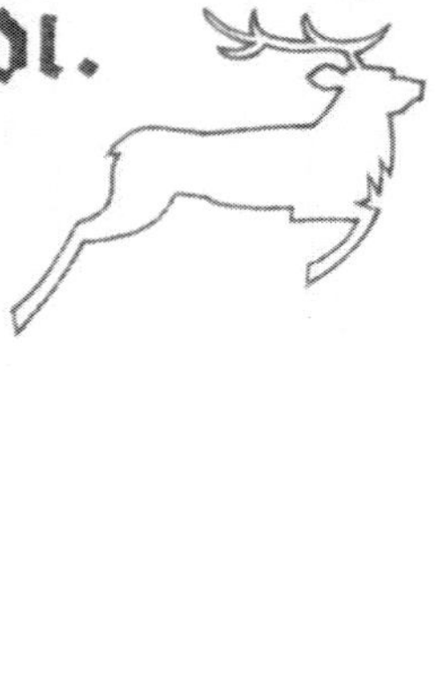

Der Oberbefehlshaber

A.H.Qu, den 27. März 1942

Tagesbefehl!

Die 46. Inf. Division, die seit dem 27.2. mit kurzen Unterbrechungen ständig im schwersten Abwehrkampf steht, hat allein in der Zeit vom 13. bis 20. März 1942 nicht weniger als 138 in Bataillons- bis Divisionsstärke geführte russische Angriffe unter schwersten Verlusten für den Gegner abgeschlagen und im wesentlichen ihre Stellungen gehalten.

Die bei diesen Kämpfen gezeigte hervorragende Haltung von Führer und Truppe verdient umso höhere Anerkennung, als die feindlichen Angriffe von starken Panzerkräften unterstützt und durch Artilleriefeuer einer bisher an der Ostfront noch nicht gekannten Heftigkeit und starken Bombenangriffen auf die Stellungen vorbereitet wurden.

In Anerkennung dieser hervorragenden Leistungen ist die Division am 20.3.42 im Wehrmachtsbericht genannt worden. Ich spreche der Division meinen Dank und meine besondere Anerkennung aus.

Generaloberst

Brief aus dem Osten

Läusejagd im Sowjetparadies

Geh ich in finst'rer Mitternacht
so einsam auf die Läusejagd,
so denk ich an die ferne Heimat,
die keine solchen Viecher hat.
Hier wenn man oft des Nachts erwacht,
sitzt alles bei der Läusejagd.

Als ich zur Fahne fort gemußt,
hab ich nichts von der Laus gewußt;
ich finde ihren Ursprung nicht
in unserer Naturgeschicht!
Aber hier findst sie an jedem Ort
und sicher auch bei Stalin dort.

Sie ist uns treu, wir ihr nicht gut,
sie saugt so gern Soldatenblut.
Kaum liegen wir in süßer Ruh,
dann beißen schon die Läuse zu.
Wir stehen dann vom Schlafe auf
und machen Sturmangriff darauf.

Wie glücklich lebt ihr doch daheim,
da ihr nichts wißt von dieser Pein;
ihr schlafet ruhig in der Nacht,
wenn wir sind bei der Läusejagd
im Sowjetreich, das alles verhieß,
der Teufel hol dies Paradies!

Gefreiter Alfons Bayer, gefallen am 19.05.1942

Willibald Migl, gefallen am 28.05.1942

1.

Familien- u. Vorname: Bayer, Alfons

geboren am: 1. 1. 18. in: Wissing/Opf. Kreis:

Truppenteil: 1./Pi. Btl. 88.

Dienstgrad: Gefr.

Erkennungsmarke: – 519 – 1./Pi. E. Btl. 46.

Tag des Todes	Ort des Todes	Beerdigt am
18. 5. 42.	Kapcani	–

Lage und Nr. des Grabes: Kertsch

Krgfrdh., Rh. 6, E. Gr. 204.

Gemeldet durch: V.L. 16 Ref. I. W.G.O. 67/5087 Wast.- Trupp.- San.- L. 165/318 Bl. 9

Mer M Meldg Soldbuch u. 101 r. Rußl. 12. 5. 43. Me.

2.

Familien- u. Vorname: Migl, Willibald

geboren am: 28. 5. 07. in: Reichenau/ Kreis: a. d. Maltsch

Truppenteil: 1./Pi. Btl. 88.

Dienstgrad: Fldw.

Erkennungsmarke: – 2397 – 1./Pi. E. Btl. 17.

Tag des Todes	Ort des Todes	Beerdigt am
18. 5. 42.	Kapcani	

Lage und Nr. des Grabes: Kertsch/Krim

Krgfrdh., Rh. 6, E. Gr. 203

Gemeldet durch: V.L. Ref. I. W.G.O. 67/5086 Wast.- Trupp.- San.- L. 165/318 Bl. 9

Mer 12. 5. 43. Me.

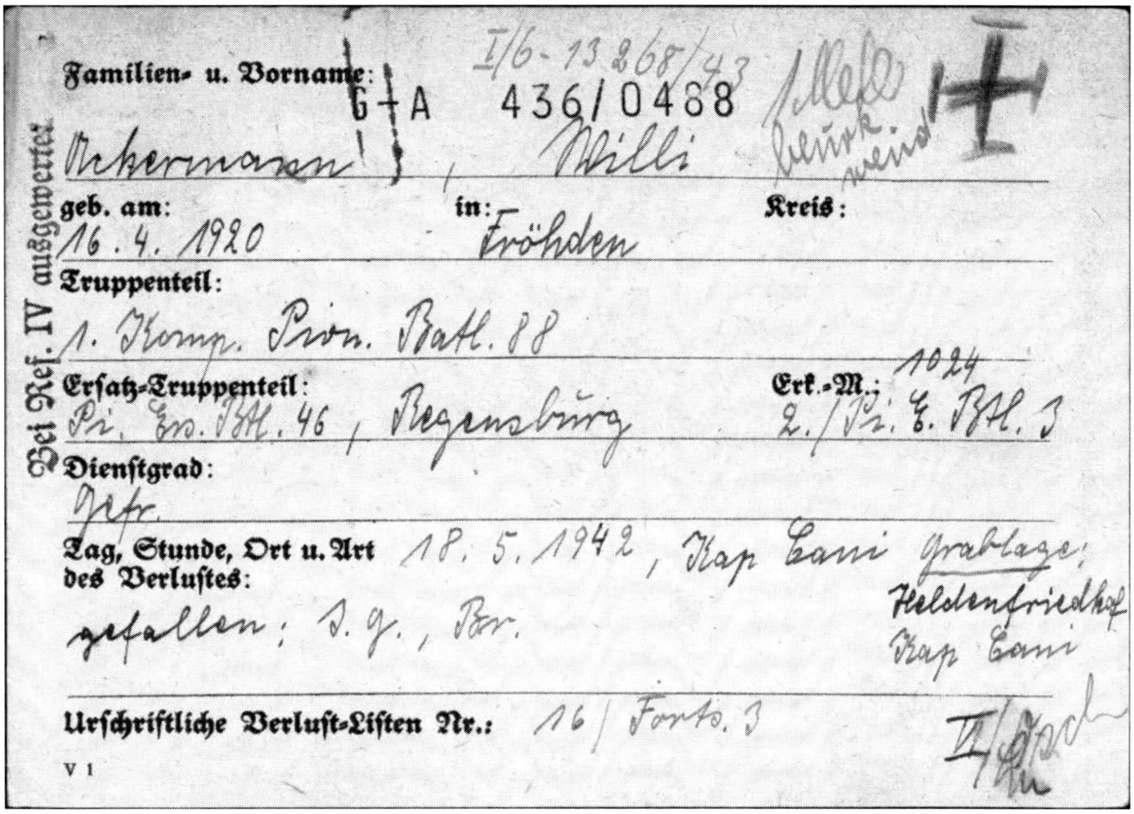

Gefallen am 18.05.1942 – die Gefreiten Willi Ackermann und Josef Kruckenfellner

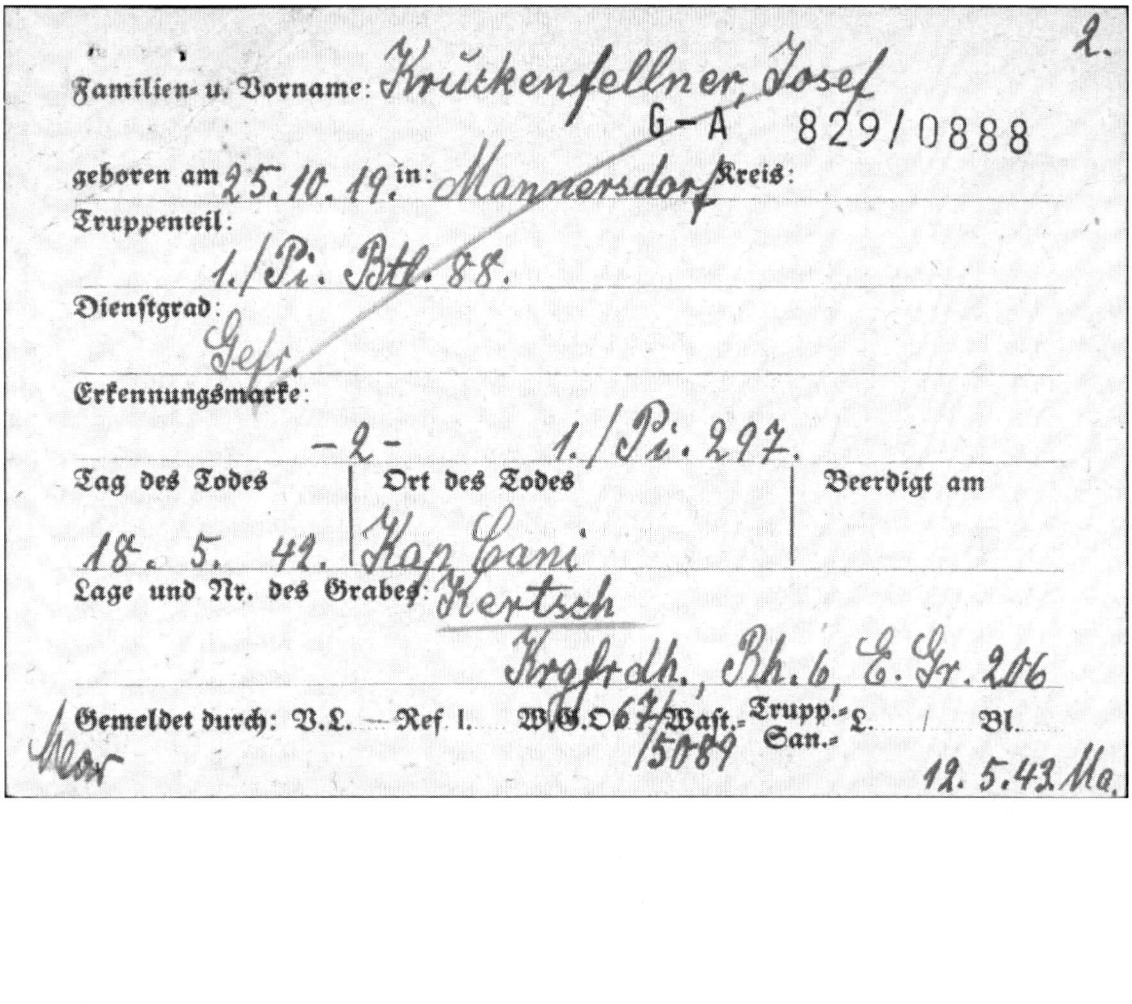

Gefr. Willi Ackermann

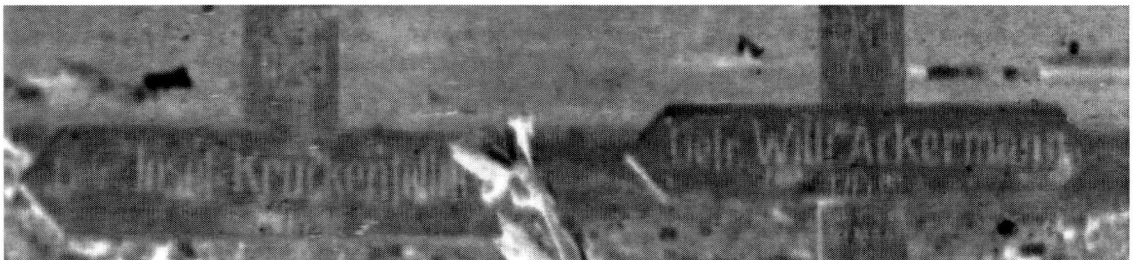
Gefr. Willi Ackermann

In Anerkennungen dieser hervorragenden Leistungen ist die Division am 20.3.42 im Wehrmachtsbericht genannt worden. Ich spreche der Division meinen Dank und meine besondere Anerkennung aus.

Der Oberbefehlshaber
von Manstein
Generaloberst

Wehrmachtsbericht vom 20.3.1942

Die 46. Inf.Div. hat seit Anfang Februar zahlreiche Angriffe weit überlegener Gegner unter hohen blutigen Verlusten für den Gegner abgewehrt und in 11 Tagen 162 feindliche Panzer vernichtet.

8.5. - 12.5.1942	Kesselschlacht bei Ak-Monaj.
13.5. - 15.5.	Verfolgungskämpfe auf der Halbinsel K e r t s c h
16.5. - 21.5.	Vernichtungsschlacht auf der Halbinsel Baksj.
22.5. - 31.8.	Küstenschutz und Sicherung der Krim, jedoch
29.5. - 4.7.	Pi. 88 aus dem Verband der 46. Inf.Div. herausgezogen und Marsch in den Bereitstellungsraum zum Angriff auf die Festung S e w a s t o p o l . Anschließend "Unternehmen Störfang," d.i. Angriff und Eroberung der Festung Sewastopol.
31.8. - 1.9.	Übergang über das Asowsche Meer auf Marinefährprähmen, Siebelfähren und sonstigen schwimmenden Fahrzeugen vom Norden der Halbinsel Kertsch zum Angriff auf die Halbinsel T a m a n . Unterstellung des rumänischen Garde-Pionierbtls..
1.9. - 10.9.	Einnahme der Tamanhalbinsel.
11.9. - 18.11. vom 19.11.42 - 13.1.43	Kämpfe im westlichen Kaukasus, zuerst an der Straße nach Tuapse, dann in den Bergen und Wäldern südlich von Neftegorsk (Maratuki). Einsatz von Tragtieren. Der O p l e p e n - verloren und wieder gestürmt. Nach herbstlicher Schlammperiode früher Bergwinter.
14.1. - 15.2.1943	Rückzug aus dem Kaukasus und Abwehrstellung im Kubanbrückenkopf. Wechsel des Divisionszeichens (Hirsch) zur Tarnung (2 "Knobelbecher").

75

Zündapp KS 600 (KS = Kardanwelle-Sport)

Bunker mit Briefkasten

Feldwebel Maximilian Fenzl, gefallen am 14.04.1943

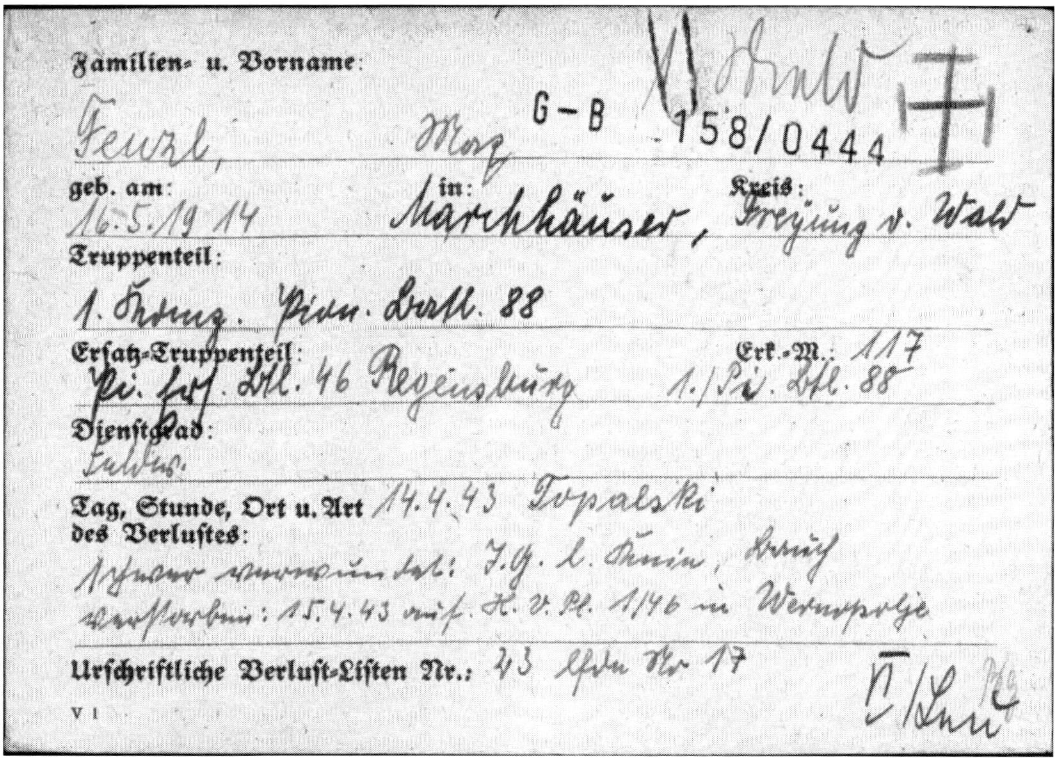

Familien- u. Vorname: Fenzl, Max G-B 158/0444

geb. am: 16.5.1914 in: Marchhäuser, Kreis: Freyung v. Wald

Truppenteil: 1. Komp. Pion. Batl. 88

Ersatz-Truppenteil: Pi. Ers. Btl. 46 Regensburg Erk.-M.: 117 1./Pi. Btl. 88

Dienstgrad: Feldw.

Tag, Stunde, Ort u. Art des Verlustes: 14.4.43 Topalski

schwer verwundet: I.G. l. Arm, Bauch

verstorben: 15.4.43 auf H.V.Pl. 1/146 in Wernopolje

Urschriftliche Verlust-Listen Nr.: 43 lfde Nr 17

V 1

	Das Btl. hat seit Kriegsbeginn rd. 3000 km zurückgelegt.
16.2. - 1.3.1943	Schlammkrieg im Kubanbrückenkopf.
1.3. - 15.3.	Versammlung zum Abtransport durch Ju 52.
9.3. - 10.3.	Abtransport durch Flugzeuge in den Raum von Saporoshje, dort Auffrischung vom
11.3. - 5.4.1943	
6.4. - 13.8.	Abwehrkämpfe am Donez bei Isjum. Gewaltige Abwehrschlacht ab Mitte juli 1943. 18. Juli 1943: der Ehrentag von Pi.Btl. 88! (so der Div.Kdr. Generallt. Hauffe)

Korps-Tagesbefehl vom 20.7.43

Die 46. Inf.Div. hat in dreitägigem heldenmütigen Abwehrkampf unerschütterlich ihre Stellung gegen 5 angreifende Divisionen und mehrere Panzerbrigaden und Panzerregimenter gehalten und einen gefahrdrohenden Einbruch in schneidigem, ofpermutigen Gegenangriff zurückgedrückt und abgeriegelt. Den tapferen Sodaten und der umsichtigen, geschickten Führung Dank und Anerkennung.

gez. Henrici.

Aus dem Wehrmachtsbericht vom 23.7.1943

"... Vor allem verdient die fränkisch-sudetendeutsche 46. Infanterie-Division genannt zu werden."

Diese schweren Abwehrkämpfe haben aber auch unserem Bataillon empfindliche Verluste gebracht. So manchen lieben guten Kameraden mußten wir im Schatten einer großen Windmühle zur letzten Ruhe betten, darunter auch unseren Kommandeur, Major von Schmeiss, dessen tapfere und opferbereite Einsatzbereitschaft im Divisions-Tagesbefehl vom 20.7.1943 rühmend gewürdigt worden ist.

14.8. - 30.9.1943	Absetzbewegungen von Donez über Barwenkowo zum Dnjepr bei Dnjeprpetrowsk, dort Brückenkopf!
1.10.43 - 31.1.1944	Abwehrkämpfe und Absetzbewegungen in der Südukraine. Gut ausgebaute Stellungen am Dnjepr mußten aufgegeben werden, da der Gegner sowohl südlich als auch nördlich unseres Abschnittes Brückenköpfe auf dem westlichen Ufer des Dnjepr bilden konnte.

1./Pi.88
gefallen
am 12.5.43

1./Pi.88
Uffz. Arthur Samson. ᛉ 28.1.13
Ogfr. Hermann Völlinger. ᛉ 20.6.12
Gefr. Rudolf Schöffel. ᛉ 15.12.20
Pion. Heinz Bollacke. ᛉ 29.3.24
Gefr. Karl Ritter. ᛉ 21.4.08
gefallen
am 12.5.43.

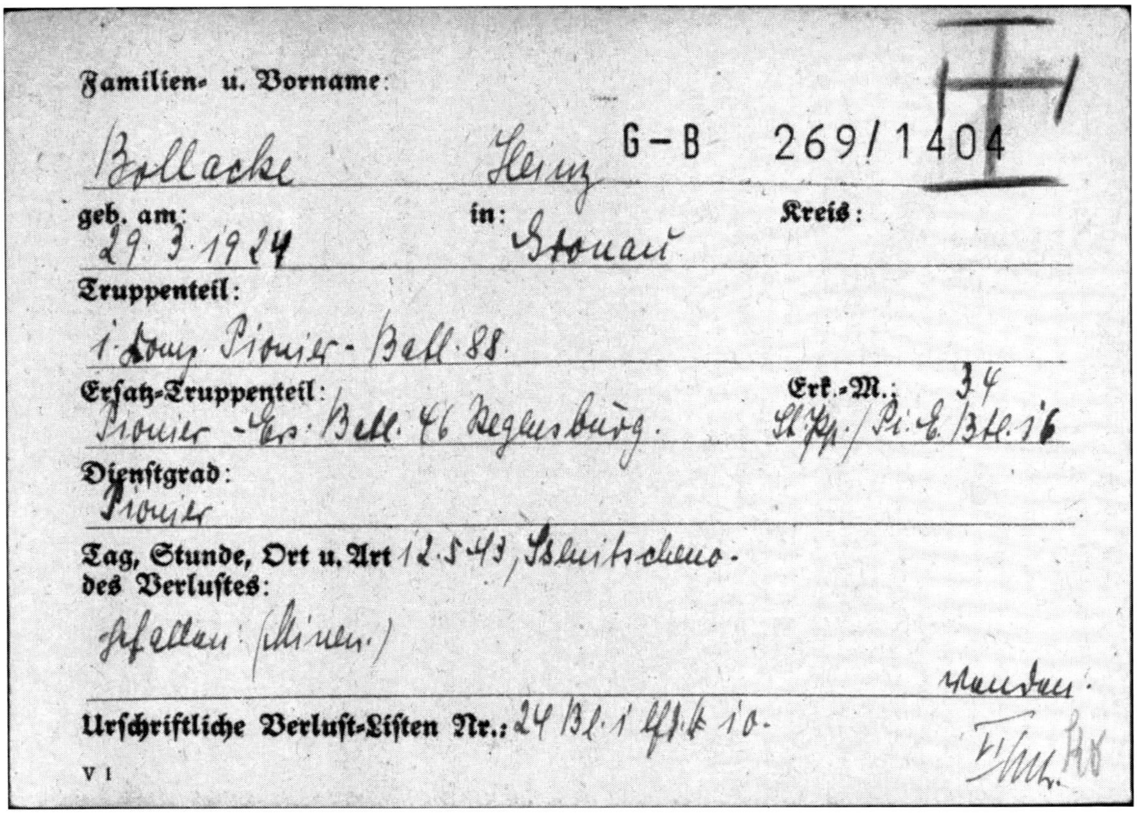

Familien- u. Vorname: G-B 269/1404

Bollacke Heinz

geb. am: 29.3.1924 in: Stonau Kreis:

Truppenteil: 1. Komp. Pionier-Batl. 88

Ersatz-Truppenteil: Pionier-Ers.-Batl. 46 Regensburg Erk.-M.: 34 St.Kp./Pi.E.Btl.16

Dienstgrad: Pionier

Tag, Stunde, Ort u. Art des Verlustes: 12.5.43, Sbeuitschewo-stellan: (Minen)

Urschriftliche Verlust-Listen Nr.: 24 Bl. 1 ... 10.

V I

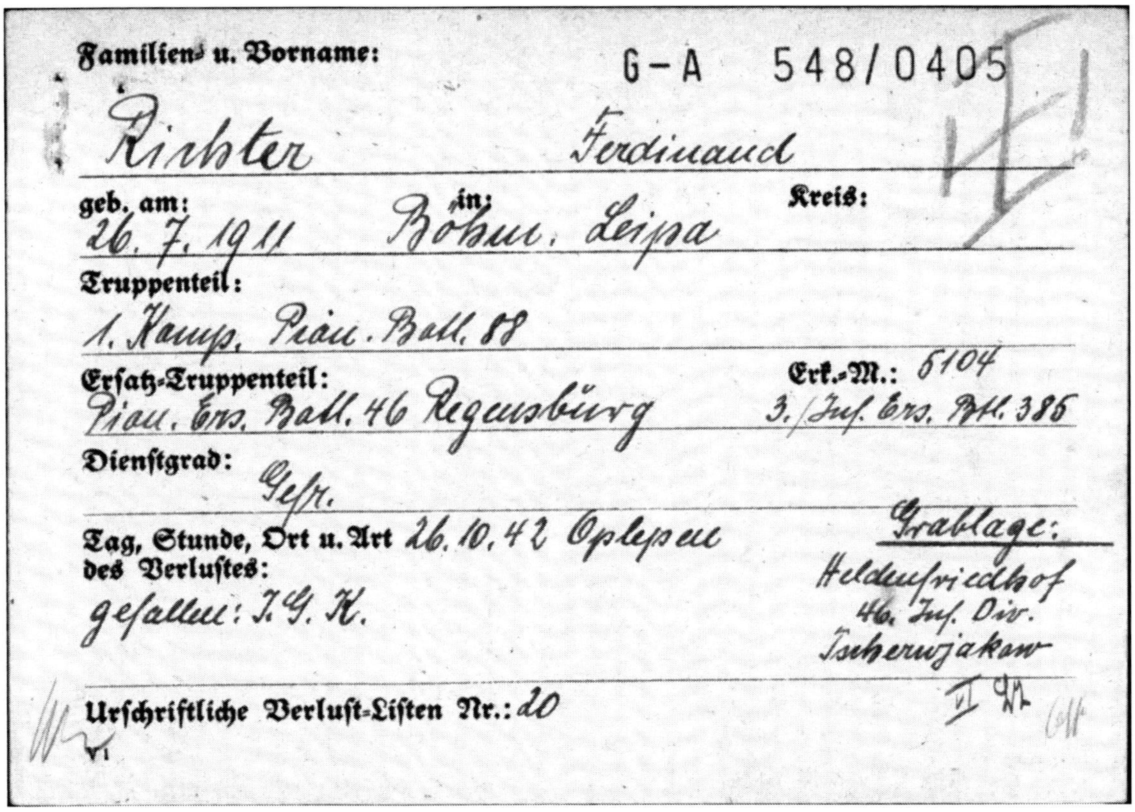

Familien- u. Vorname: G-A 548/0405

Richter Ferdinand

geb. am: 26.7.1911 in: Böhm. Leipa Kreis:

Truppenteil: 1. Komp. Pion. Batl. 88

Ersatz-Truppenteil: Pion. Ers. Batl. 46 Regensburg Erk.-M.: 5104 3./Inf. Ers. Btl. 386

Dienstgrad: Gefr.

Tag, Stunde, Ort u. Art des Verlustes: 26.10.42 Oplepen

gefallen: I.G.K.

Grablage: Heldenfriedhof 46. Inf. Div. Tschernjakow

Urschriftliche Verlust-Listen Nr.: 20

V I

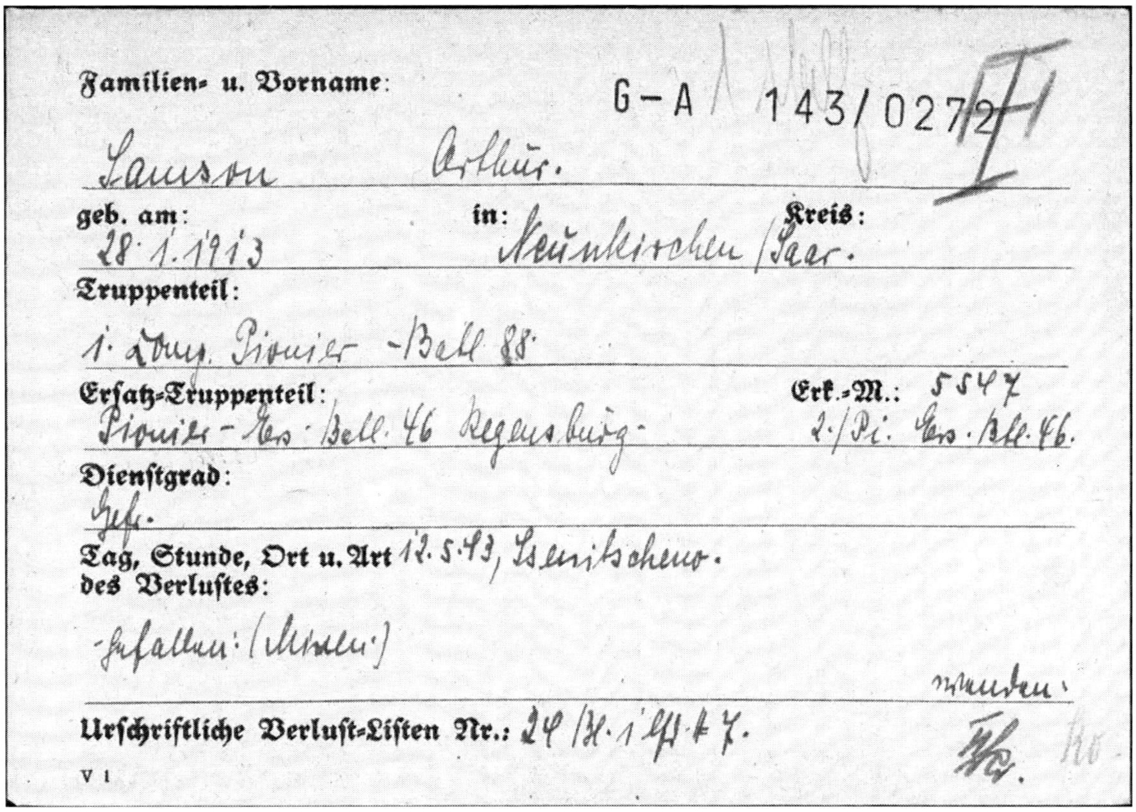

Familien- u. Vorname: G-A 143/0272

Samson Arthur.

geb. am: 28.1.1913 in: Neunkirchen/Saar. Kreis:

Truppenteil: 1. Komp. Pionier-Batl. 88.

Ersatz-Truppenteil: Pionier-Ers.Batl. 46 Regensburg. Erk.-M.: 5547 2./Pi.Ers.Btl. 46.

Dienstgrad: Gefr.

Tag, Stunde, Ort u. Art des Verlustes: 12.5.43, Sselnitschens.

gefallen (Minen)

worden.

Urschriftliche Verlust-Listen Nr.: 24/31.1 ... 7.

V 1

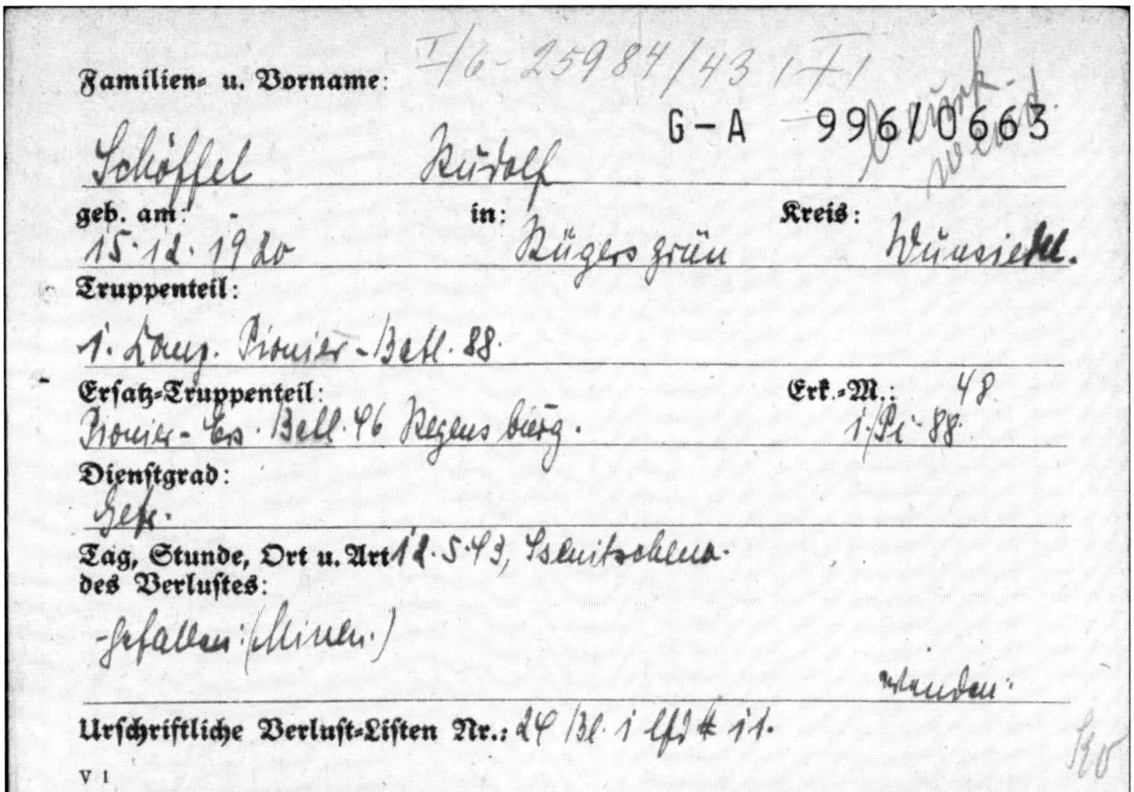

Familien- u. Vorname: I/6-25984/43 I-I G-A 996/0663

Schöffel Rudolf

geb. am: 15.12.1920 in: Rügersgrün Kreis: Wunsiedel.

Truppenteil: 1. Komp. Pionier-Batl. 88.

Ersatz-Truppenteil: Pionier-Ers.Batl. 46 Regensburg. Erk.-M.: 48 1./Pi. 88.

Dienstgrad: Gefr.

Tag, Stunde, Ort u. Art des Verlustes: 12.5.43, Sselnitschens.

gefallen (Minen)

worden.

Urschriftliche Verlust-Listen Nr.: 24/31.1 ... 11.

V 1

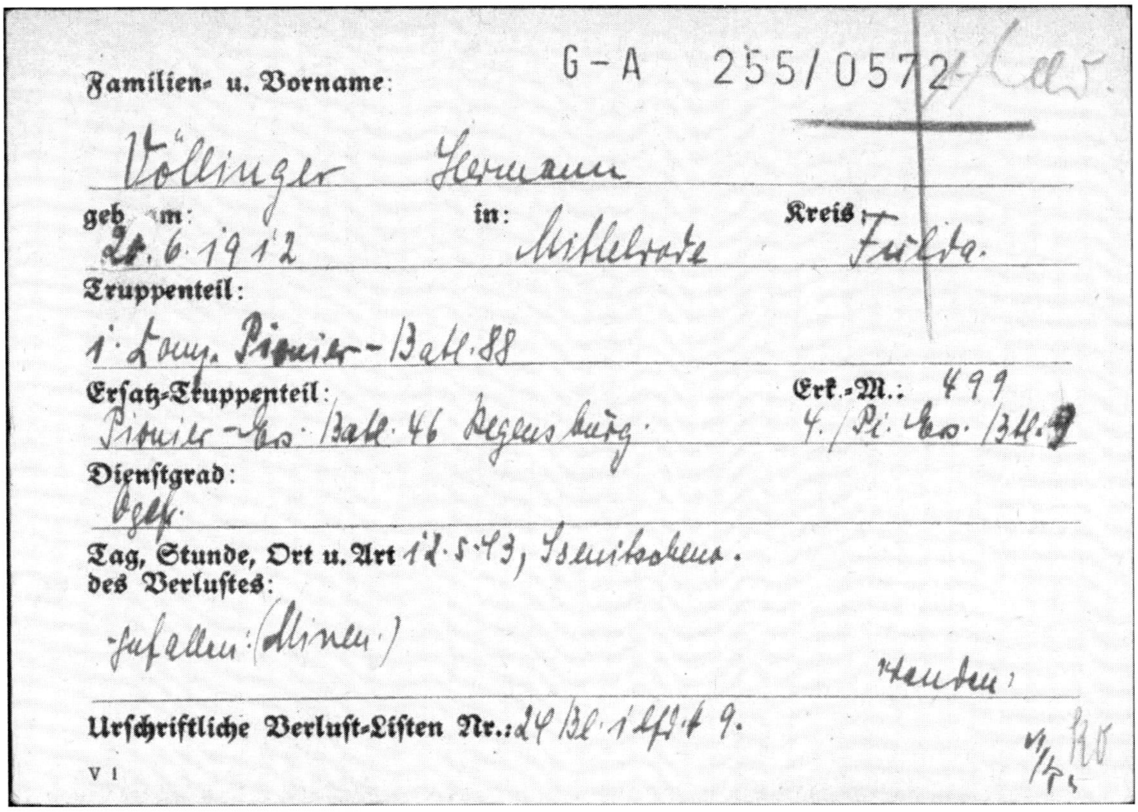

G-A 255/0572

Familien- u. Vorname:
Völlinger Hermann

geb. am: 20.6.1912 **in:** Mittelrode **Kreis:** Fulda.

Truppenteil:
1. Comp. Pionier-Batl. 88

Ersatz-Truppenteil: **Erk.-M.:** 499
Pionier-Ers. Batl. 46 Regensburg 4./Pi. Ers. [illegible]

Dienstgrad:
Gefr.

Tag, Stunde, Ort u. Art des Verlustes: 12.5.43, Ssenitschena.
gefallen (Minen)

Urschriftliche Verlust-Listen Nr.: 24 Bl. 1 Lfd. 49.

V 1

	Harte Abwehrkämpfe bei Alexandrowka im Dezember 43
1.2. - 31.3.44	Kämpfe im Raum von **K r i w o j - R o g .**

Aus dem Wehrmachtsbericht vom 7. 3. 1944

".... Bei den Abwehrkämpfen im Südabschnitt der Ostfront haben sich die fränkisch-sudetendeutsche 46. Infanterie-Division unter Führung des Generalleutnants Roepke hervorragend bewährt!"

1.4. - 20.8.1944	Abwehrkämpfe im Raume R o m a n - J a s s y .
20.8.1944	Russischer Großangriff! "Bei Jassy hielten die 76. u. 79. ID - von den Nachbarn verlassen, allein ihre Stellungen. Auch die 46. ID, 3. Geb.Div. u. 8. Jäger Div. blieben unerschütterlich in ihren Abschnitten stehen. Der Feind drang in Jassy ein. Am Abend waren 6 rumänische Divisionen vom Schlachtfeld verschwunden."
23.8.1944	Das Westufer des Sereth wird erreicht. Rumänien kapituliert, seine Truppen flüchten panikartig nach Süden. Durch dieses Wirrwar bahnt sich die Division den Weg zum Becaspaß und sichert ihn durch eine Kampfstellung ostwärts Piatra Neamt.
23.8. - 4.9.44	Rückzugsgefechte vor und in den Karpathen und Aufbau einer neuen Front in Siebenbürgen.
5.9. - 25.9.	Abwehrschlacht in Siebenbürgen; Sächs. R e g e n ! (Füsilierbtl. im Wehrmachtsbericht v. 12.9.)
26.9. - 29.10.	Kämpfe in der Pußta und ungarischen Tiefebene (Theißebene), ab 10.10. im Raum von Debrecen.

Aus dem Wehrmachtsbericht vom 26.9.1944

zu den Kämpfen in Siebenbürgen: "In Siebengürgen hat sich die Fränkisch-Sudetendeutsche 46. Inf. Division mit unterstelltem Heere-Pionier-Bataillon mot. 666 unter der Führung des Ritterkreuzträgers Oberst Reuter in Angriff und Abwehr durch vorbildlichen Kampfgeist im besonderen Maße bewährt."

18.10.1944	Kämpfe um D e b r e c e n , Durchbruch nach Norden.
19.10. - 28.10.44	Harte Kämpfe um N y r e g y h a z a , Abstellung des Btls. dorthin zur Freikämpfung des Weges für die Armeegruppe Wöhler!
31.10.1944	Übergang über die Theiß bei Polgar
2.11. - 21.11.	Kämpfe, Abwehr und Gegenangriffe im Raum von Szolonk bei Jaszbereny und Dany
ab 27.11.	Herausnahme der Division zur Ruhe und Auffrischung, doch die Ereignisse überschlagen sich. Der Russe ist im Matragebirge eingebrochen! Aus dem Marsch - in Richtung Budapest - (vielleicht war's doch ein Glück!) - wird bereits am
29.11. - 1.12.	im Matragebirge angegriffen und der Gegner zurückgedrängt.
Dezember 1944	harte Abwehrkämpfe bei Szecseny
28.12.	der Gegner bricht seitlich ein und schwenkt fast in den Rücken der Division, die sich absetzen muß. Der Gegner kann aber immer wieder mit Gegenstößen aufgehalten werden. Diese Absetzbewegungen dauern den ganzen Januar hindurch an.
30.1.1945	Die Division wird herausgezogen und in den Raum ostwärts Komorn (an der Donau) verlegt, von wo aus am
5.2.1945	die Stellung vor der Linie des russischen Brückenkopfes westlich des Grans bezogen wird. Von dort wird sie jedoch schon
ab 13.2.	in den nördlichen Abschnitt um Farnad - Kolta verlegt. Vorbereitungen zum Angriff auf den Gran-Brückenkopf, wobei der Division die Aufgabe zufällt, den Einbruch in die Feldstellung zu erzwingen und den Weg für die bereitgestellten Panzerverbände freizukämpfen. Stoßtrupps des Pi.Btls.! Angriff nicht im Morgengrauen, sondern später! Kein vorbereitendes Artilleriefeuer, dafür überraschender Angriff mit Abschießen aller Pfeifpatronen.

17.2.1945 bis/ 19.2.1945	Angriff auf den Gran-Brückenkopf. Der Einbruch gelingt unter der hervorragenden Mitwirkung der Pionier-Stroßtrupps überraschend schnell, so daß die Panzerverbände schnell nachstoßen können und der Brückenkopf unter schweren Verlusten für den Gegner völlig zerschlagen wird. Eine ganz hervorragende Waffentat, an der das Pionierbtl. besonderen Anteil hatte.
20.3. - 25.3.	Abwehrstellung am Gran
25.3.	Großangriff des Gegners. Die Front wird an mehreren Stellen durchbrochen.
26.3. - 29.3.	Rückzugskämpfe bis an die Waag bei Sered
1.4. - 30.4.	Absetzbewegungen und Rückzugskämpfe durch die kleinen Karpathen, über Tyrnau und Nadas nach Holics, Einsatz bei Göding an der March, bis zum 30.4. steht und kämpft der immer kleiner werdende Haufen zwischen Austerlitz und Brünn und steht am
1.5.45 - 6.5.45	um Adamsthal nördlich von Brünn.
7.5.45	Wegen des bei Znaim erfolgten russischen tiefen Einbruchs sollen sich am 8., 9. und 10. Mai über drei vorgesehene Widerstandslinien (sie trugen zur Tarnung die Bezeichnungen "Rose", "Tulpe" und "Nelke") die Einheiten der Division überschlagend zurückziehen. Es kam jedoch nicht mehr dazu.

Die Kapitulation vom 8. Mai 1945 beendete den Krieg.

Diese gedrängte Zusammenstellung der Geschichte unseres Bataillons soll Zeugnis ablegen über die Märsche und Kämpfe im Westen, im Südosten und im Osten, wobei zusammen mehr als 5000 km Bahntransport und mehr als 10 000 km Fußmarsch zurückgelegt werden mußten.
Dieser Bericht sei vor allem dem Gedächtnis unserer gefallenen und vermißten Kameraden gewidmet.

Ehre ihrem Andenken!

- 32 -

Uns aber, die wir überleben durften, mögen diese Zeilen an eine Zeit erinnern, welche uns an der Front in einer soldatischen Kameradschaft zusammengeführt hat, die es ermöglichte, den Krieg zu bestehen. Den Krieg haben wir zwar verloren - es war nicht unsere Schuld - aber nicht verloren haben wir den Geist der Kameradschaft!

Aus dem letzten Wehrmachtsbericht vom 9.5.1945

Seit Mitternacht schweigen nun an allen Fronten die Waffen. Auf Befehl des Großadmirals hat die Wehrmacht den aussichtslos gewordenen Kampf eingestellt. Damit ist das fast sechsjährige, heldenhafte Ringen zu Ende. Es hat uns große Siege, aber auch schwere Niederlagen gebracht. Die Deutsche Wehrmacht ist am Ende einer gewaltigen Übermacht ehrenvoll unterlegen.

Der deutsche Soldat hat getreu seinem Eid, im höchsten Einsatz für sein Volk, für immer Unvergeßliches geleistet.

Die einmalige Leistung von Front und Heimat wird in einem späteren gerechten Urteil der Geschichte ihre endgültige Würdigung finden.

„Zahnstation"

Irgendwo Im Osten

Vor dem Waldbunker

Waldbunker

Organisationsgeschichte Pionier-Bataillon 88

- 10.11.1938 – Aufstellung Pionier-Bataillon 88 in Regensburg unter dem Arbeitsstab Pionier-Bataillon 10 (Major Dr. Hahn) aus der ehemaligen 1./Pionier-Bataillon 31 oder der 2./ Pionier-Bataillon 31 – hier widersprechen sich die Quellen – und der 3. (mot.)/ Pionier-Bataillon 22 als 2./ Pionier-Bataillon 88 und 3. (mot.)/ Pionier-Bataillon 88
- 01.03.1939 – Überführung nach Deggendorf

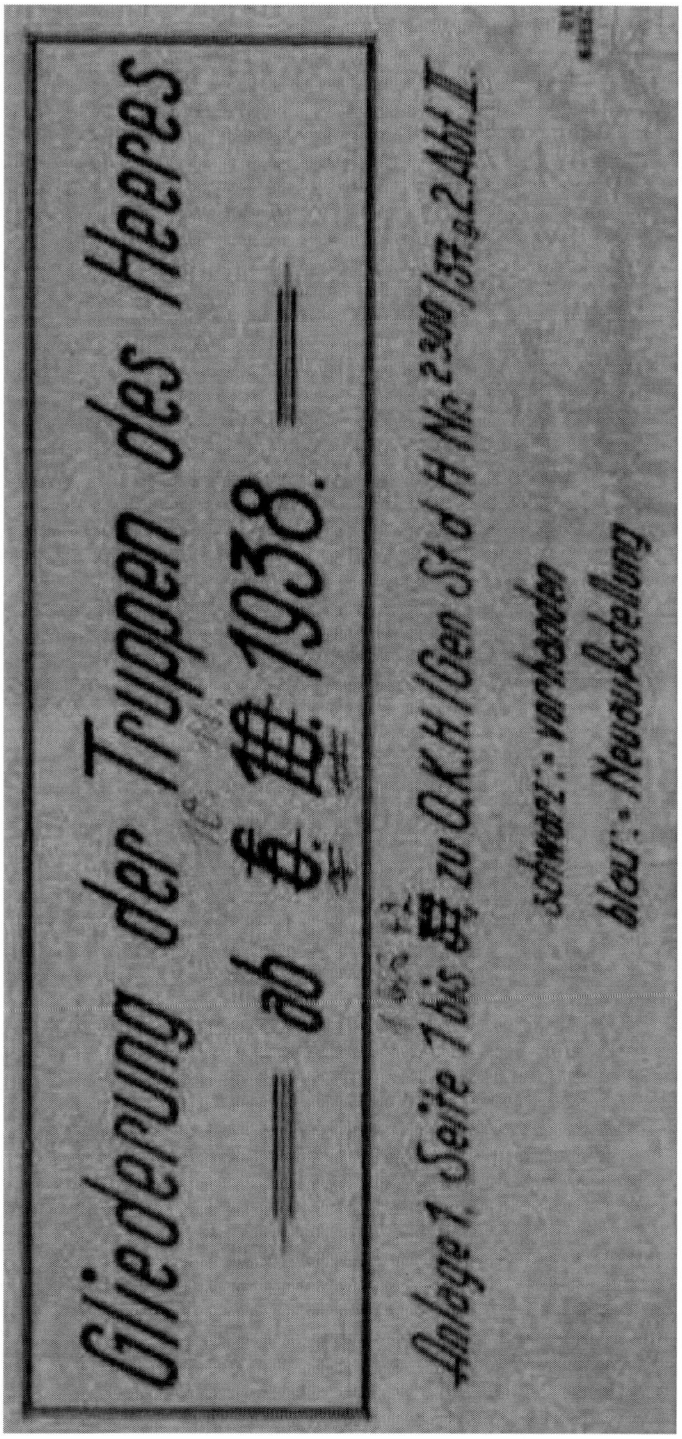

Gliederung der Truppen des Heeres

— ab [illegible] 1938. —

Anlage 1. Seite 1 bis [illegible] zu O.K.H./Gen St d H Nr. 2300/37 g. 2.Abt. II.

schwarz: = vorhanden

blau: = Neuaufstellung

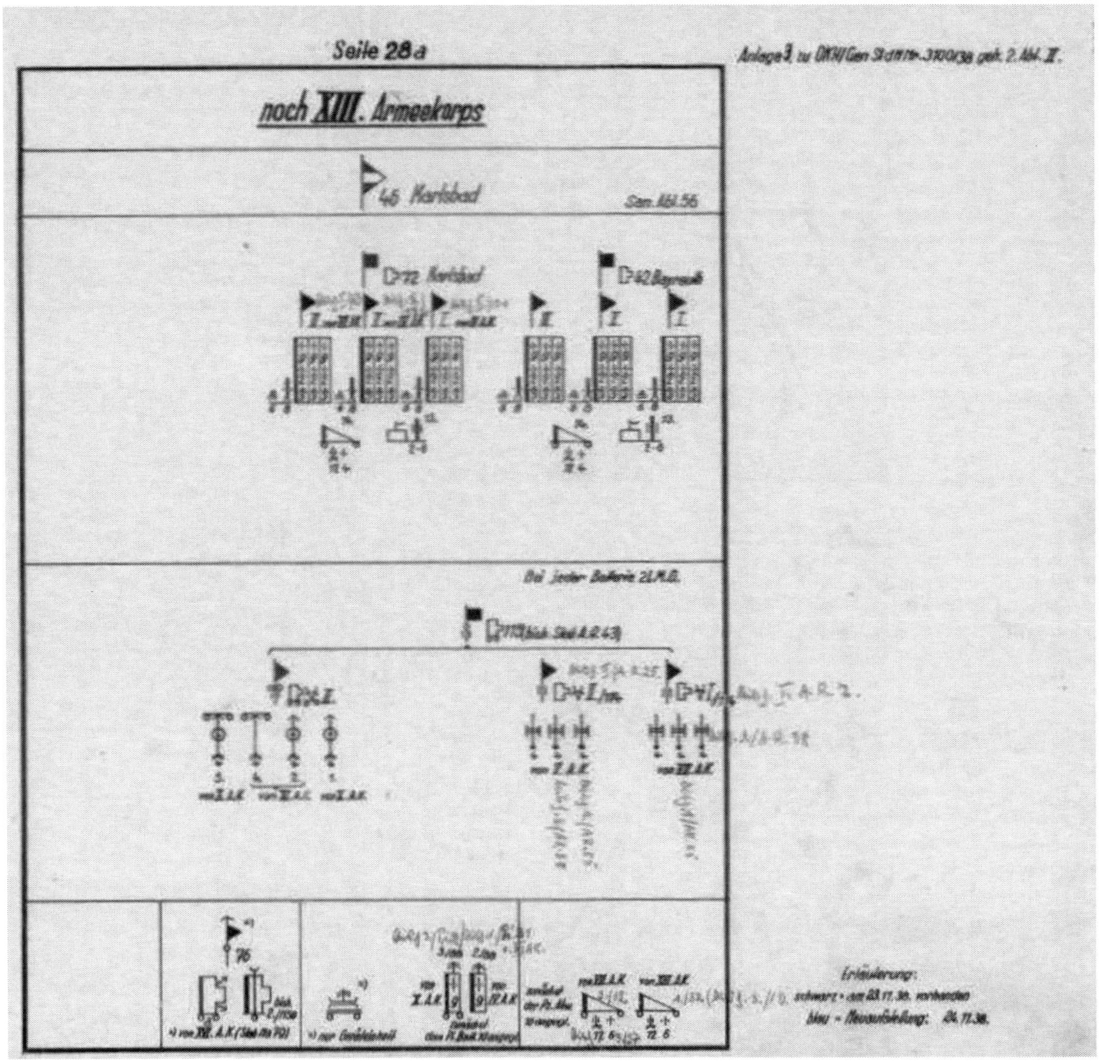
Seite 28a
noch XIII. Armeekorps
46 Karlsbad
22 Karlsbad
42 Bayreuth
Erläuterung:
schwarz = am 23.11.38. vorhanden
blau = Neuaufstellung: 24.11.38.

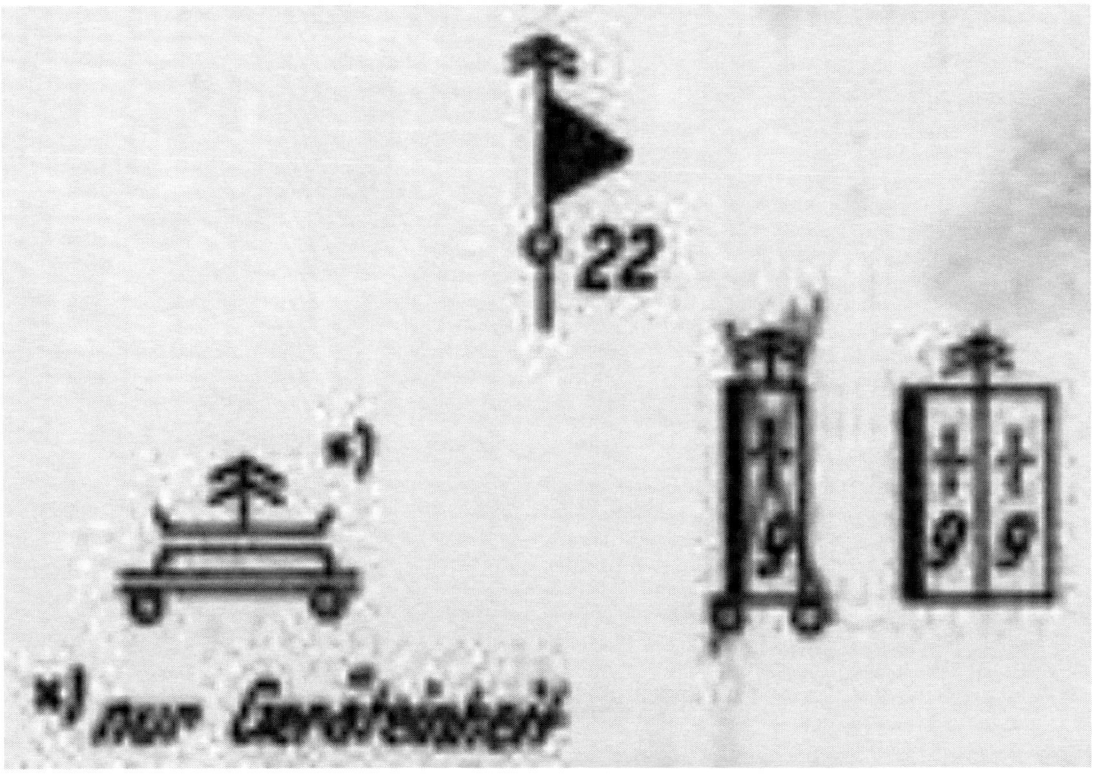
22
9
9 9

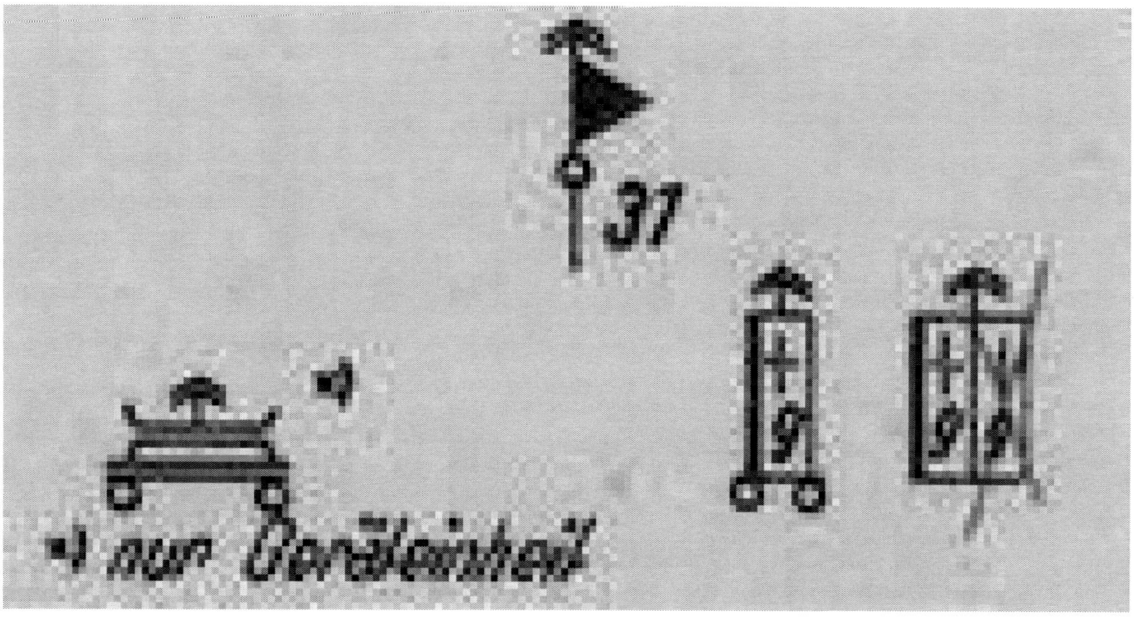

- Mit der Mobilisierung am 26.08.1939 werden der Abteilungs-Stab, die fehlende 1. Kompanie sowie die leichte Pionier-Kolonne (mot.) und die Brücken-Kolonne (mot.) – diese war bisher nur als Geräteeinheit vorhanden - aufgestellt. Ursprünglich war für den Herbst 1939 die vollständige Aufstellung des Bataillons vorgesehen.

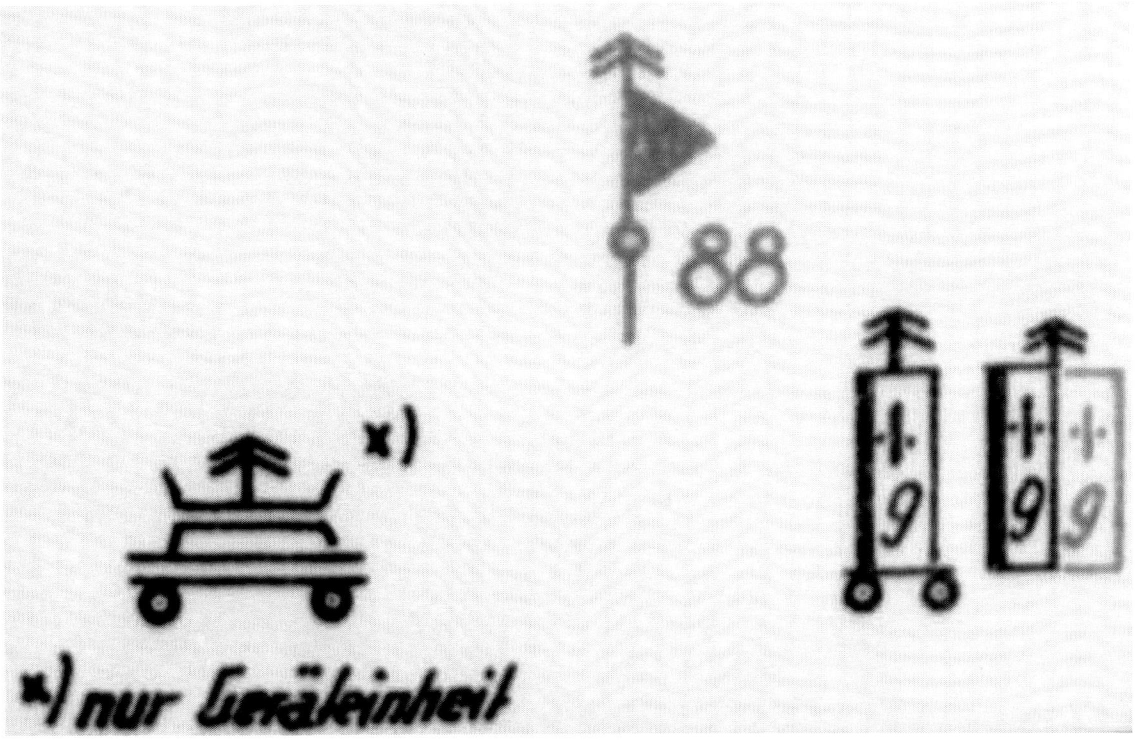

Neu aufzustellende Teile sind hier hell eingezeichnet.

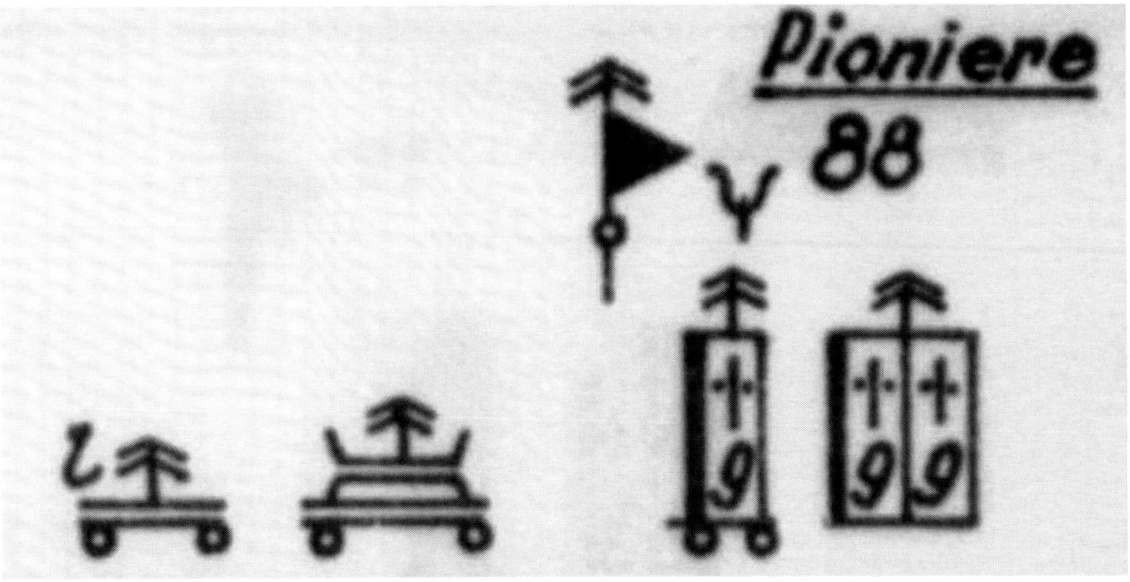

Januar 1940

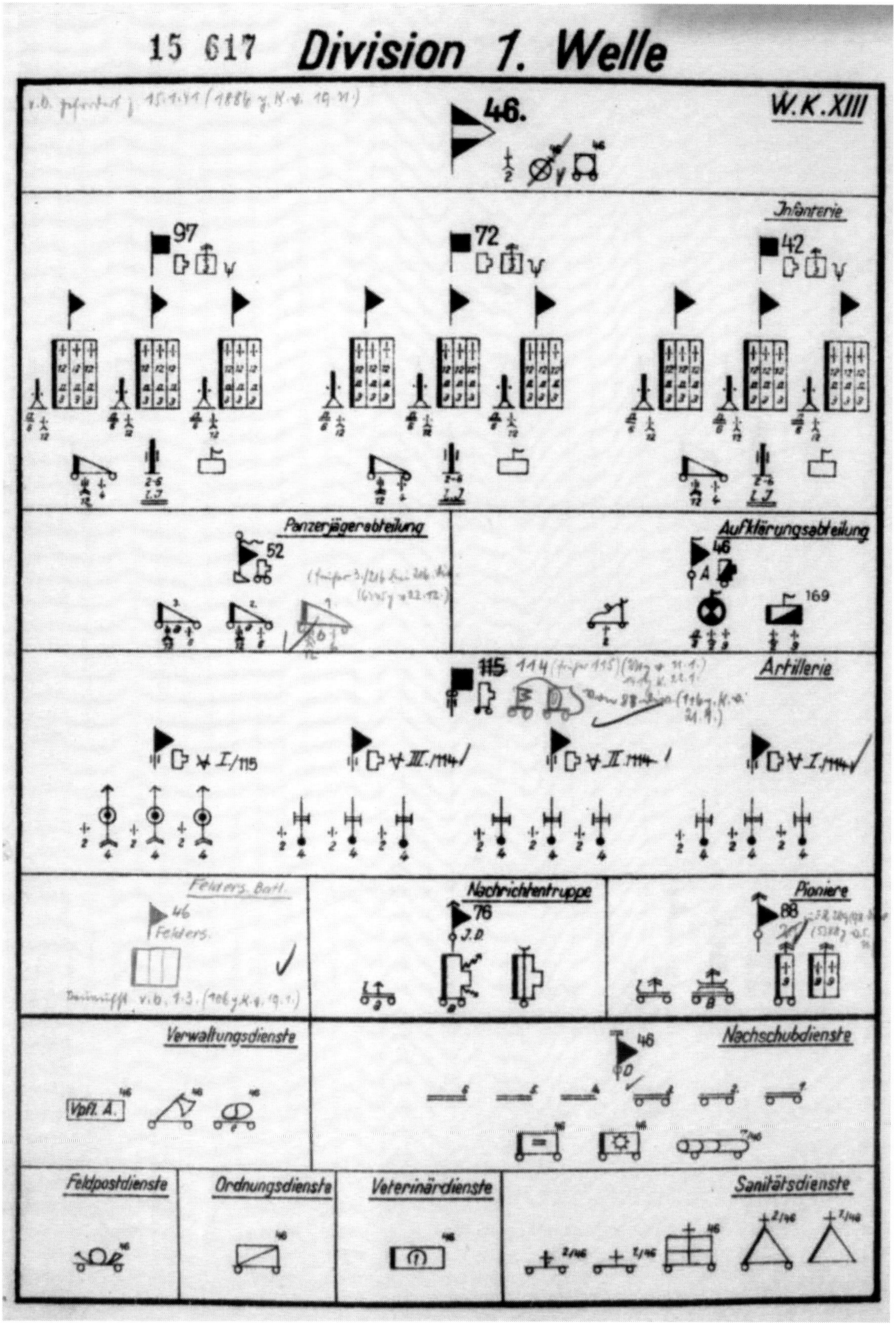

10.11.1940

- Oktober 1940 – Abgabe der 2. Kompanie für Neuaufstellungen – die Kompanie wird durch das Bataillon heraus neu aufgestellt. Am 05.11.1940 wurde das Bataillons-Musikkorps an das Infanterie-Regiment 289 der 98. Infanterie-Division abgegeben.

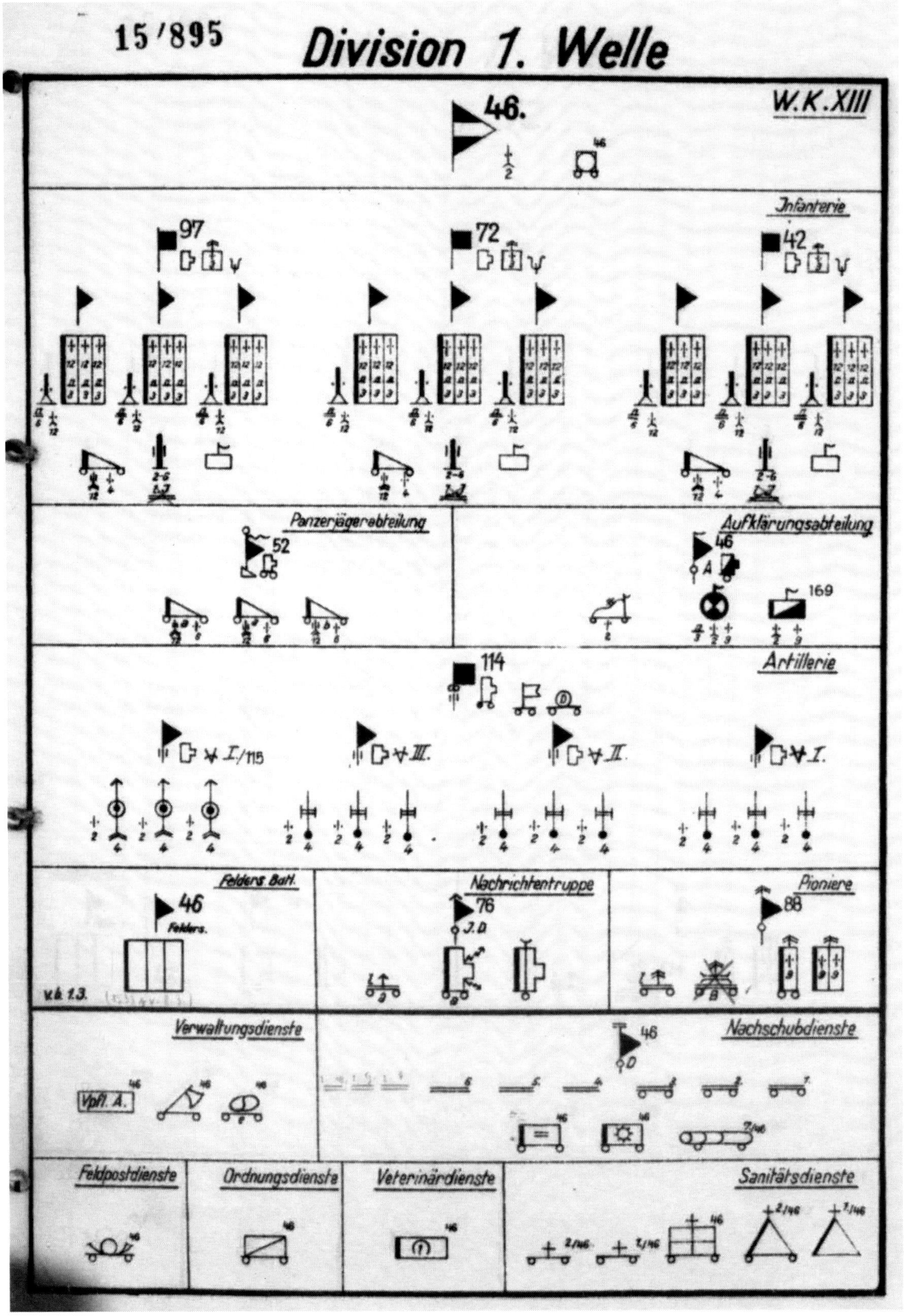
15/895
Division 1. Welle
W.K.XIII
46.
Infanterie
97
72
42
Panzerjägerabteilung
52
Aufklärungsabteilung
46
169
Artillerie
114
I./115
Felders. Batl.
46
Nachrichtentruppe
76
Pioniere
88
Verwaltungsdienste
Vpfl. A.
Nachschubdienste
46
Feldpostdienste
Ordnungsdienste
Veterinärdienste
Sanitätsdienste

10.02.1941

- Am 08.03.1941 wird die Brücken-Kolonne B (mot.) 88 unter Beibehaltung der Bezeichnung zu den Heerestruppen überführt.

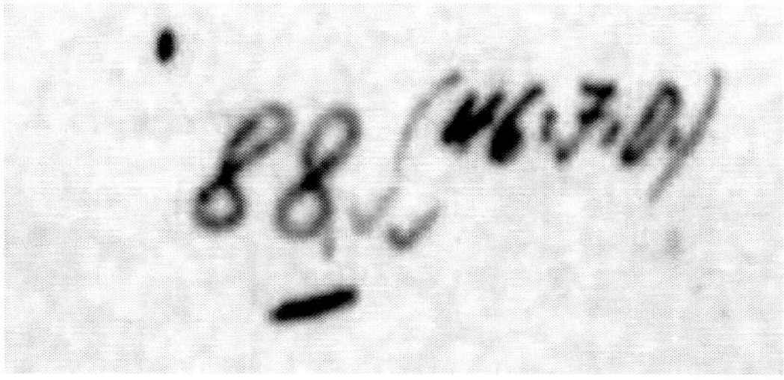

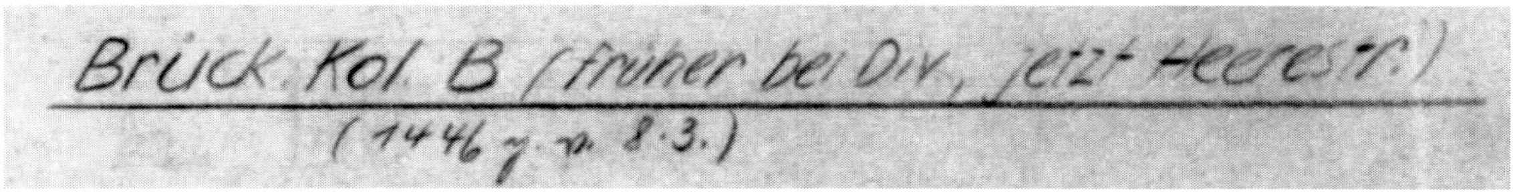

- 10.05.1942 – aus Kriegsgefangenen wird eine 4. Kompanie aufgestellt
- 12.08.142 – die Kaukasier-Kompanie des Pionier-Bataillons 741 (auf dem Kommandowege aufgestellt) wird als 5. Kompanie eingegliedert
- März 1943 – 4. und 5. Kompanie werden aufgelöst
- 23.03.1943 – die 3. Kompanie wird behelfsmäßig motorisiert, in der Gliederung als radfahr-Kompanie dargestellt
- Juni 1943 – die leichte Pionier-Kolonne ist nicht mehr motorisiert, sondern bespannt

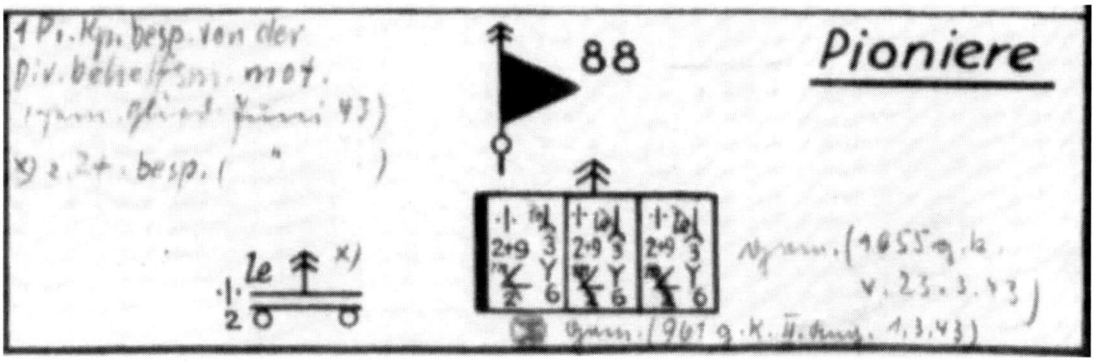

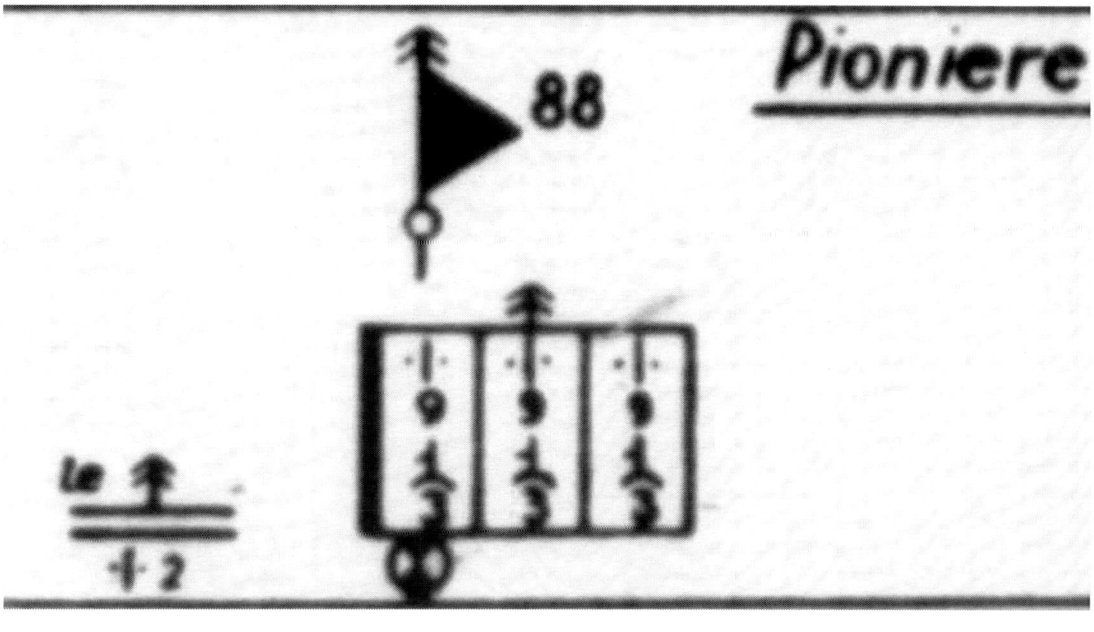

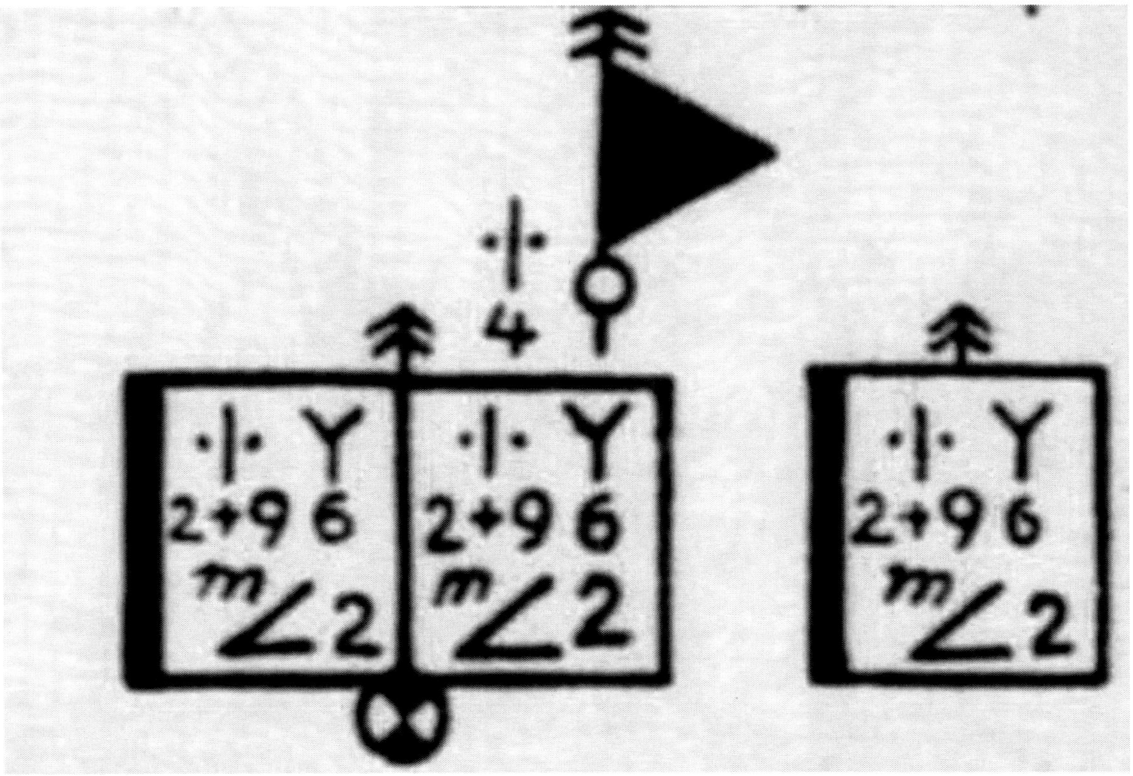

Mitte 1943

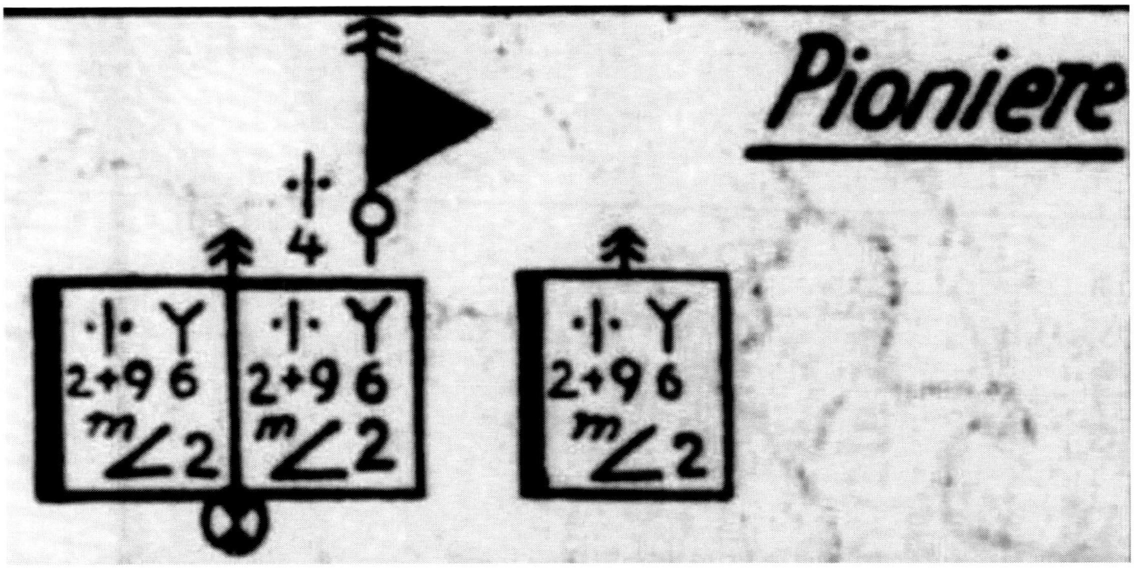

Sollgliederung nach Gliederungsform „Infanterie-Division 44“

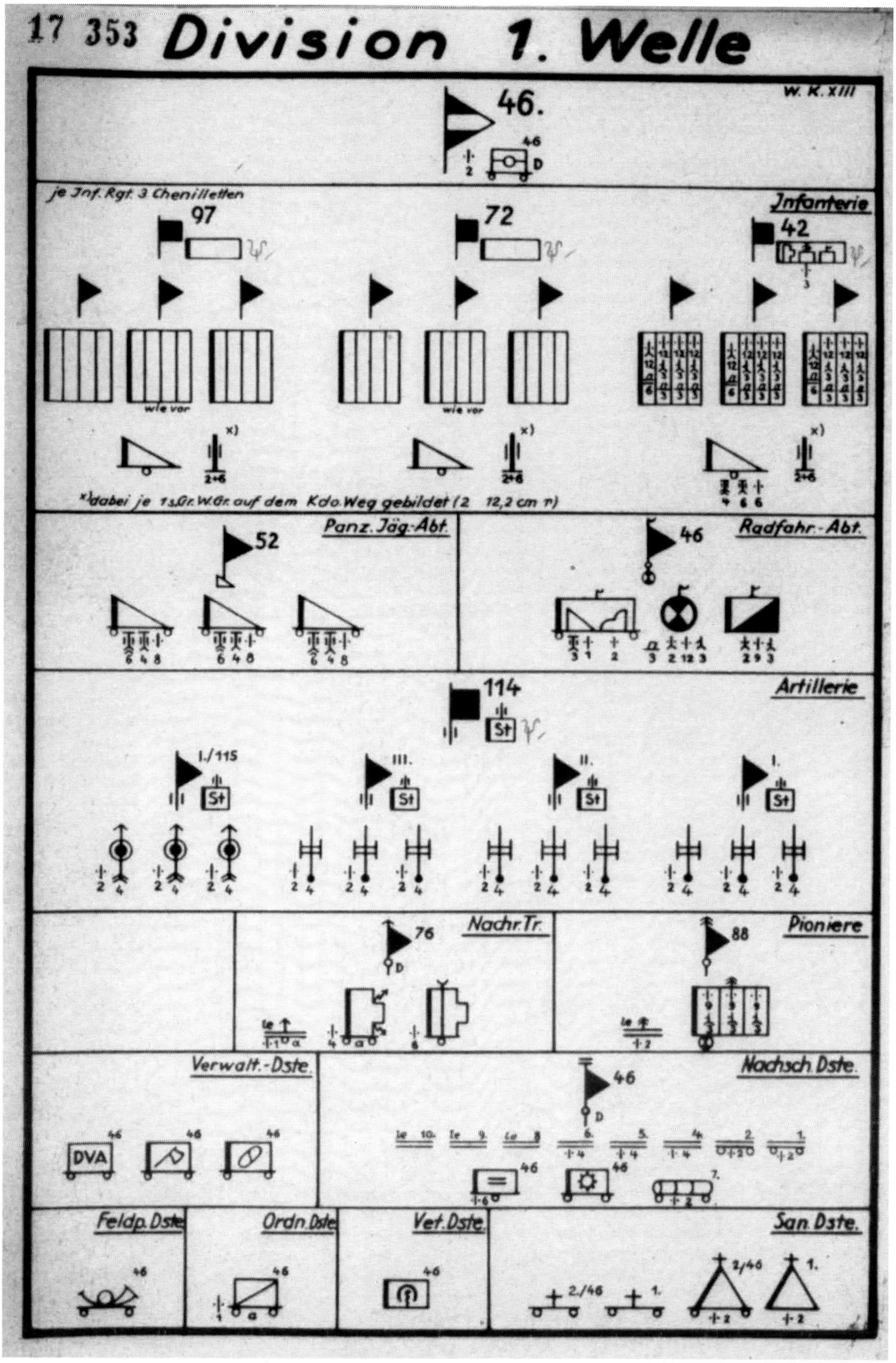
17 353 Division 1. Welle
46.
W. K. XIII
je Inf. Rgt. 3 Chenilletten
Infanterie
97
72
42
wie vor
wie vor
x) dabei je 1 s.Gr.W.Gr. auf dem Kdo.Weg gebildet (2 12,2 cm r)
Panz. Jäg.-Abt.
52
Radfahr.-Abt.
46
Artillerie
114
I./115
III.
II.
I.
Nachr.Tr.
76
Pioniere
88
Verwalt.-Dste.
DVA
Nachsch.Dste.
46
Feldp.Dste
Ordn.Dste
Vet.Dste.
San.Dste.

1943

Geheime Kommandosache!

Grundgliederung der Jnf. Div. 45

mit Stärkeberechnung

1200 Ausfertigungen
528 Ausfertigung
Stand 10.12.44
1. Auflage

Anlage 1 zu OKH/Gen.St.d.H./Org. Abt. Nr.I/21000/44 g.Kdos. v. 10.12.44
(gilt gleichzeitig als Anl. 7 zu OKH/Gen.St.d.H./Org. Abt.Nr.I/16500/44 g.Kdos. v. 25.4.44 (betr. Stärkemeldungen))

14.12.44

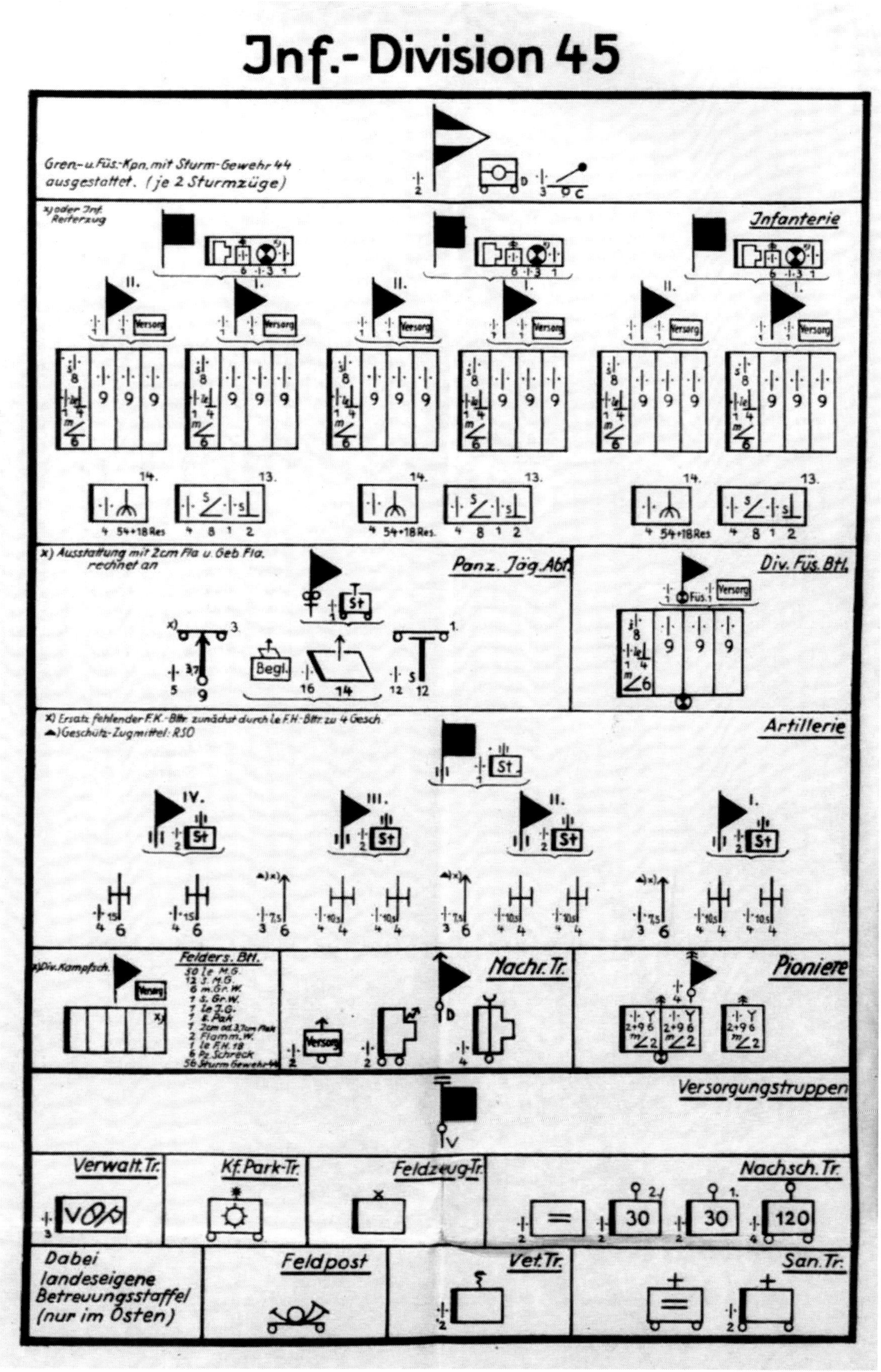

Sollgliederung nach Gliederungsform Infanterie-Division 45 vom 10.12.1944

Personelle Stärkeberechnung einer Jnf. Div. 45

Seite 3

KSTN Nr.	vom	Einheit	Offz	Bea.	Uffz	Mann	Zusammen	dav. Hiwi	Deutsche Kopfstärke	Anzahl	Offz	Bea	Uffz	Mann	Gesamt	dav. Hiwi	Gesamt deutsch Pers.	Gesamtstärke nach Waffengattung	Hiwi nach Waffengattung	Deutsche Kopfst. n. Waffengattung	Bemerkungen
		Pioniere																			
702V	1. 9. 44	Stb. Pi. Btls. Gren. Div.	–	–	–	–	–	–	–	1	7	2	13	49	71	12	59				
723n	1. 4. 44	Pi. Kp. (n. A.)(auf Fahrrd.)	3	–	26	148	177	18	159	2	6	–	52	296	354	36	318				
711n	1. 4. 44	Pi. Kp. (n. A.)	–	–	–	–	–	–	–	1	3	–	26	150	179	15	164				
		Summe Pioniere:									16	2	91.	495	604	63	541	604	63	541	

Seite 4

Waffen (Einzelstärke) | **Waffen** (Gesamtstärke)

KSTN Nr.	vom	Einheit	Gewehre (Sturm-Gew44)	Zielf. Gew. (Gew. Gr.Ger.)	Pist. (M.P.)	s.M.G. (le.M.G.)	8cm (12cm) Gr.W.	2cm (3,7cm) Flak	R.Pz.B. (Flammwerf.)	7,5cm Pak	le.J.G. (s.J.G.)	le.F.H. (s.F.H.)	Anzahl der Einh.	Gewehre (Sturm-Gew44)	Zielf. Gew. (Gew. Gr.Ger.)	Pist. (M.P.)	s.M.G. (le.M.G.)	8cm (12cm) Gr.W.	2cm (3,7cm) Flak	R.Pz.B. (Flammw.)	7,5cm Pak	le.J.G. (s.J.G.)	le.F.H. (s.F.H.)
		Pioniere																					
702V	1. 9. 44	Stb. Pi. Btls. Gren. Div.	–	–	–	–	–	–	–	–	–	–	1	54	2	9 (6)	(4)	–	–	–	–	–	–
723n	1. 4. 44	Pi. Kp. (n. A.)(auf Fahrrd.)	112	9 (9)	34 (22)	2 (9)	2	–	(6)	–	–	–	2	224	18 (18)	68 (44)	4 (18)	4	–	(12)	–	–	–
711n	1. 4. 44	Pi. Kp. (n. A.)	–	–	–	–	–	–	–	–	–	–	1	113	9 (9)	36 (27)	2 (9)	2	–	(6)	–	–	–
		Summe Pioniere:												391	29 (27)	113 (71)	6 (31)	6		(18)			

Seite 5

Kfz. (Einzelstärke) | **Kfz.** (Gesamtstärke)

KSTN Nr.	vom	Einheit	Kräder (m. angetr. Bwg.)	Kettenkräder	Pkw. gl. (hdlsübl.)	Lkw. gl. (hdlsübl.)	Stu. Gesch. (Kom.)	RSO (Maultier od. Lkw.)	Zgkw. (Anh.)	Anzahl der Einh.	Kräder (m. angetr. Bwg.)	Kettenkräder	Pkw. gl. (hdlsübl.)	Lkw. gl. (hdlsübl.)	Stu. Gesch. (Kom.)	RSO (Maultier od. Lkw.)	Zgkw. (Anh.)
		Pioniere															
702V	1. 9. 44	Stb. Pi. Btls. Gren. Div.	–	–	–	–	–	–	–	1	(5)	–	1 (1)	2 (2)	–	–	–
723n	1. 4. 44	Pi. Kp. (n. A.)(auf Fahrrd.)	3 (4)	–	1	(2)	–	–	–	2	6 (8)	–	2	(4)	–	–	–
711n	1. 4. 44	Pi. Kp. (n. A.)	–	–	–	–	–	–	–	1	(3)	–	1	–	–	–	–
		Summe Pioniere:									6 (16)	–	4 (1)	2 (6)	–	–	–

Seite 6

Pferde (Einzelstärke) | (Gesamtstärke) | Besp. (unbesp.) Fahrz. | Fahrräder

KSTN Nr.	vom	Einheit	Reitpf.	le. Z. Pf.	s. Z. Pf. (ss. Z. Pf.)	Anzahl der Einheit.	Reitpf.	le. Z. Pf.	s. Z. Pf. (ss. Z. Pf.)	Einzelstärke	Anzahl der Einheiten	Gesamtstärke	Einzelstärke	Anzahl der Einheiten	Gesamtstärke
		Pioniere													
702V	1. 9. 44	Stb. Pi. Btls. Gren. Div.	–	–	–	1	5	12	2	–	1	8 (2)	–	1	5
723n	1. 4. 44	Pi. Kp. (n. A.)(auf Fahrrd.)	2	18	–	2	4	36	–	13 (9)	2	26 (18)	146	2	292
711n	1. 4. 44	Pi. Kp. (n. A.)		–	–	1	3	24	2	–	1	16 (8)	–	1	11
		Summe Pioniere:					12	72	4	–		50 (28)	–		308

Gesamtstärken

	Personal							Waffen										Kfz.							Pferde			Fahrzge.	Fahrräder
	Offz.	Beamte	Uffz.	Mannsch.	Zusammen	Hiwi	Gesamt dtsch. Personal	Gewehre (Sturm-Gew.44)	Zielf. Gew. (Gew.Gr.Ger.)	Pistolen (M.P.)	s.M.G. (le.M.G.)	8cm (12cm) Gr.W.	2cm (3,7cm) Flak	R.Pz.B. (Flammw.)	7,5cm Pak	le.J.G. (s.J.G.)	le.F.H. (s.F.H.)	Kräder (mit angeh. Bwg.)	Ketten-Kräder	Pkw. gel. (handelsübl.)	Lkw. gel. (handelsübl.)	Stu.Gesch. (Kom.)	RSO (Maultiere od LKW)	Zgkw. (Anhänger)	Reit-Pferde	Zug-Pferde	s.Zugpferde (ss.Zugpferde)	Fahrzge. bespa.(unbesp.)	Fahrräder
Gesamtstärke der Inf. Div. 45	352	29	1947	9581	11909	698	11211	7594 (1269)	205 (370)	1563 (1260)	74 (462)	54 (25)	(10)	222 (20)	31	29 (6)	25 (12)	90 (41)	7	118 (28)	68 (117)	74 (3)	32 (16)	3 (30)	551	2229	682 (146)	1273 (368)	1456
Gesamtstärke eines Gren. Rgts.	45	3	269	1532	1849	118	1731	922 (330)	46 (83)	281 (220)	76 (79)	12 (8)	–	72	–	8 (2)	–	8	2	5	(4)	–	–	–	45	342	62	220 (88)	99
Gesamtstärke eines Gren. Btls	14	1	95	534	644	40	604	284 (165)	18 (35)	86 (91)	8 (30)	6	–	–	–	4	–	2	1	1	(1)	–	–	–	9	92	26	72 (34)	27
Gesamtstärke des Div. Füs. Btl. (auf Fahrrd.)	14	1	95	591	701	40	661	341 (165)	18 (35)	86 (91)	8 (30)	6	–	–	–	4	–	2	7	2	(1)	–	–	–	9	188	26	76 (34)	625
Gesamtstärke der Pz. Jäg. Abt.	16	2	132	473	563	33	530	301 (58)	(15)	120 (84)	(34)	–	(9)	–	72	–	–	8 (13)	–	31 (3)	22 (13)	14	12 (12)	2 (14)	–	–	–	–	–
Gesamtstärke des Art. Rgts.	75	6	439	1524	2044	–	2044	1690	–	232 (122)	(50)	–	–	–	18	–	24 (12)	5	–	17	5	–	18	–	358	631	450 (146)	337 (41)	58
Gesamtstärke einer Art. Abt. le.F.H. (2 Bttr. je 4 Gesch. 1 Bttr. le Feld-Kan. 6 Gesch.)	18	1	109	343	471	–	471	385	–	57 (29)	(73)	–	–	–	6	–	8	1	–	4	–	–	6	–	89	154	104	77 (70)	74
Gesamtstärke der Art. Abt. s.F.H. (2 Bttr. je 6 Gesch.)	15	1	86	421	523	–	523	454	–	42 (27)	(70)	–	–	–	–	–	(12)	1	–	2	–	–	–	–	79	151	122 (144)	90 (7)	72
Gesamtstärke des Pi. Btls.	16	2	91	495	604	63	541	391	29 (27)	113 (71)	6 (31)	6	–	(18)	–	–	–	6 (16)	–	4 (1)	2 (6)	–	–	–	12	72	4	50 (28)	308
Gesamtstärke der Nachrichten-Abt.	12	1	64	227	304	11	293	264	(8)	18 (22)	(8)	–	–	–	–	–	–	8 (1)	–	30	16 (14)	–	–	(2)	10	40	–	14	3
Gesamtstärke der Versorgungstruppen	40	6	161	838	1045	179	866	926	–	86 (75)	(17)	–	–	–	–	–	–	17 (10)	–	10 (15)	21 (67)	(2)	(4)	9 (13)	26	222	4	105 (1)	115

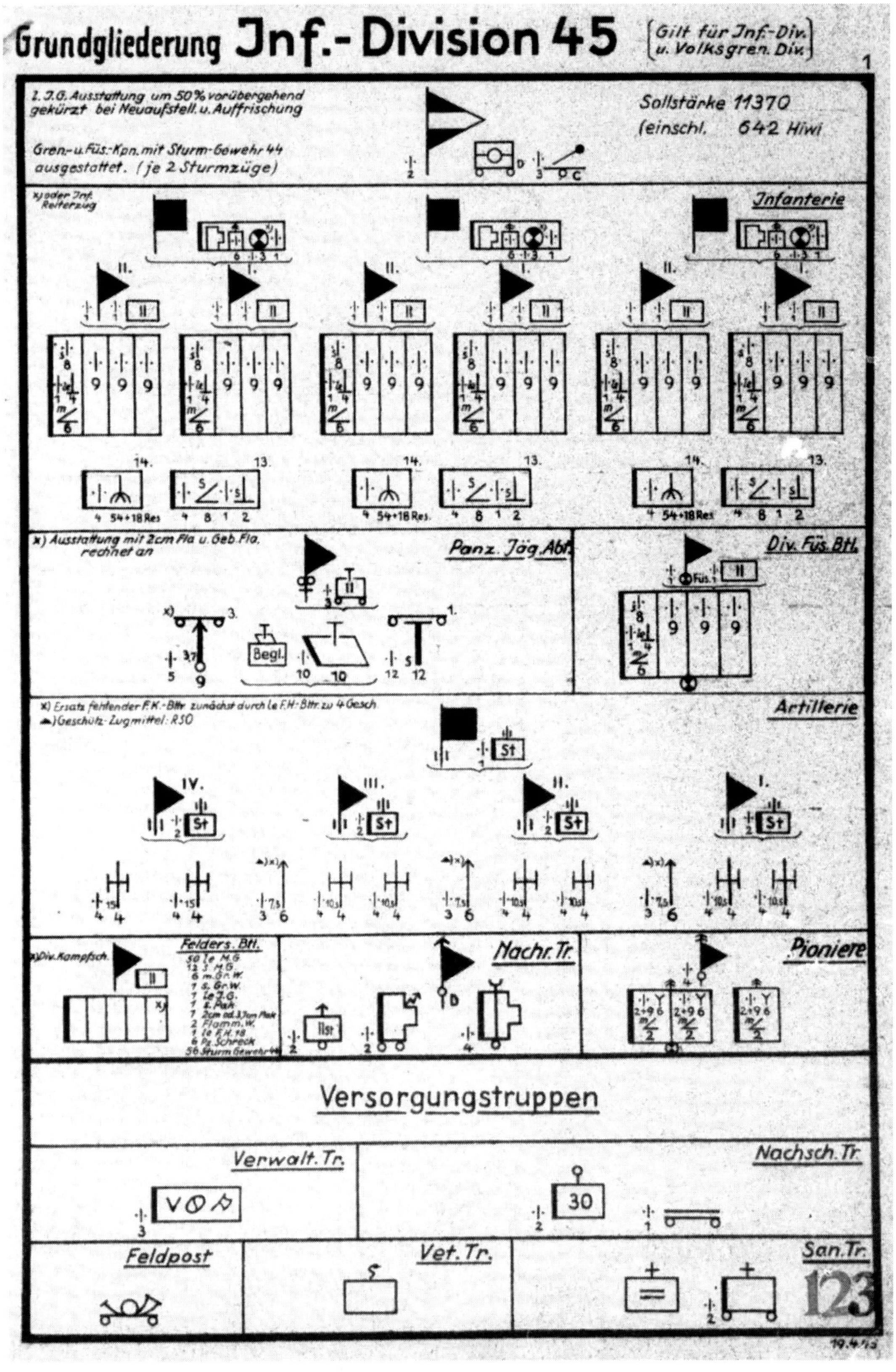

- Sollgliederung nach Gliederungsform Infanterie-Division 45 vom 19.04.1945 – galt auch für Volks-Grenadier-Divisionen
- Am 23.02.1945 wurde die 46. Infanterie-Division in 46. Volks-Grenadier-Division umbenannt, ich gehe davon aus, dass damit keine Umgliederung verbunden war.

VII – Der Weg auf den Kriegsschauplätzen des II. Weltkrieges

Quelle der Scans

Der Weg auf den Kriegsschauplätzen des zweiten Weltkrieges

	km Bahnfahrt	km Marsch
I. Polenfeldzug		
Bahnfahrt: Karlsbad, Komotau, Aussig, Leitmeritz, Kolin, Olmütz, Ratibor	578	
Marsch: Ratibor, Malapane, Gutentag, Teichwalde, Trzepizury, Tschenstochau, Silnica, Wloszowa, Czermno, Koscieliska, Ruskie Brody, Wolanow, Radom, Kosienice. Bzura, Grojec, Piaseczno, Warschau, Praga, Minsk, Masowiecki, Siedlce, Sarnaki, Warschau, Helenow		847
	578	847
II. Der Weg nach dem Westen		
a) Ins Winterquartier Westfalen		
Bahnfahrt: Warschau, Thorn, Bromberg, Berlin, Stendal, Hannover, Bad Driburg	998	
b) An die Grenze		
Bad Driburg, Paderborn, Hagen, Wuppertal, Düsseldorf, Eschweiler, Aachen	270	
	1268	—

III. Feldzug in Frankreich

	km Bahnfahrt	km Marsch
Marsch: Eschweiler, Aachen, Maastricht, Eben Emael, Vroenhoven, Fooz, Donceel, Lens St. Servais, Branchon, Perwez, Balatre Velaine, Fatisolle, Vitrival, Chastres, Barbencon, Beaumont, Avesnelles, Flaumont, Gd. Fayt, Favril, La Groise. Honnechy, Beauvoise, Cambrai, Queant, Riencourt, Bapaume, Beaumont-Hamel, Bucquoy, Hedauville, Naours, Picouigny, Somme-Übergang		486
Cavillon, Bougainville, Croixrault, Foutaine, Portmort, Seine-Übergang nach Vernon		116
Vernon, Breval, le Mesnil-Simon, Rouvres, Treon, Chateauneuf, Friaize, Digny, Senonches, Remalard, Teille, Brulon, Sable-sur-Sarthe, St. Denis, Champigny, Montreuil, Angers, Loire-Übergang		402
Angers, les Rosiers, Samur, Brossay, Chinon, la Chapelles St. Blaise, Artannes, Tours		151
Bahnfahrt: Tours — Bordeaux und zurück	680	
	680	1155

IV. Die Fahrt zum Balkan

	km Bahnfahrt	km Marsch
Bahnfahrt: Tours, Blois, Orleans, Montargis, Sens, Toyes, Vendruvre, Chaumont, Neufchateau, Nancy, Sarrabour, Straßburg, Karlsruhe, Schwäb. Hall, Nürnberg, Marktredwitz, Karlsbad, Aussig, Liboch, Melnik, Kolin, Trensin-Teplice, Pistyan Piestany, Nove-Zamky, Budapest, Arad, Hermannstadt	2380	

V. Marsch auf dem Balkan

	km Bahnfahrt	km Marsch
Marsch: Goslariu, Sibiu, Fagaras, Predeal, Sinaia, Ploesti, Rafow, Bukarest, Asan, Chimpati, Draganesti, Giurgiu, Ruscuk, Tarnowo, Sewliewo, Grabowo, Schipkapaß, Mäglisch, Plowdiw, Assenowgrad, Gorni, Passarel, Kalkowo, Dupiniza, Küstendil, Kumanowo, Sv. Nikola, Veles, Prilep, Topolcane, Bitolj, Ohrid.		
Marsch nach Belgrad: über Prilep, Veles, Skoplje, Urosevac, Stimlja, Prokulje, Nisch, Jagodina, Kragujevac, Belgrad		2315
	2380	2315

VI. Fahrt nach dem Osten

	km Bahnfahrt	km Marsch
Bahnfahrt: von Belgrad durch Ungarn nach Bessarabien (Botosani)	425	—
	425	—

VII. Der Krieg in Rußland

	km Bahnfahrt	km Marsch
Marsch: Botosani, Stynkouzy, Ketrosy, Scholkau, Jampol (Dnjestr-Übergang), Dmitrschkowka, Studenoye, Betschinkow, Pisarewka, Krutyje, Woljadinka, Balta, Troitzkoje, Nikolajewka, Michajlowka, Übergang über den Ingul, Nowyj Bug, Inguletz, Nowo Iwanowka, Berislaw, Übergang über den Dnjepr, Perekop		868
Auf der Krim und Taman-Halbinsel: Perekop, Armjansk, Juschun, Dschankoje, Seitler, Feodosia, Kertsch, zurück nach Wladislawowka, vor nach Kertsch		485

	km Bahnfahrt	Marsch
Übersetzen auf die Halbinsel Taman, Fatalowskaja, Temrjuk, Slawjanskaja, Krasnodar, Armawjr, Maikow, Höhen vor Tuapse		660
Rückmarsch bis nördlich Krivoi Rog: Tuapse, Krasnodar, Kertsch, Perekop, Berislaw, Sofijewka nördlich Krivoi Rog		945
Bahnfahrt in den Raum Isjum	400	
Marsch: Barwenkowa-Isjum, Kramatorskaja, Konstantinowka, St. Stalino, Iwanowka, Andrejewka, Pokrowakoje, Dnjepropetrowsk, Krivoi Rog, Kischinjew, Jasi, Vaslui, Barlad, Tecudi, Focani, Onesti, Bacan, Piatra Neami, Vatra Dornei, Bistrita, Dej, Debrecin, Hajuböszörmény, Miskolc, Balassagyarmat, Komarom, Tyrnau, Göding, Holleschau, Bistritz, Mährisch-Weißkirchen, Meseritsch		2907
	400	5865

Zusammenstellung

I. Polenfeldzug	578	847
II. Weg nach dem Westen	1268	—
III. Feldzug in Frankreich	680	1155
IV. Fahrt zum Balkan	2380	—
V. Marsch auf dem Balkan	—	2315
VI. Fahrt nach dem Osten	425	—
VII. Marsch in Rußland	400	5865
	5731	10182
	15913	
	= 16 000 km.	

Der Weg der Division

Was der deutsche Soldat in dem zweiten Weltkrieg geleistet hat, ist über jeden Zweifel erhaben. Die Angehörigen der 46. Infanterie-Division dürfen für sich in Anspruch nehmen, außer den Strapazen der Gefechte noch gewaltige Marschleistungen vollbracht zu haben. Ein Blick auf die angeschlossene Karte mit ihren Einzeichnungen der Marschwege zeigt, daß die 46. Infanterie-Division auf allen vier Kriegsschauplätzen war. Hinter den paar Strichen verbergen sich gewaltige Anstrengungen, wenn man bedenkt, daß die 46. Infanterie-Division nicht motorisiert war und die Marschwege von der Infanterie zu Fuß zurückgelegt werden mußten.

Ein richtiges Bild geben nur klare Zahlen. Um solche zu erreichen, wurden in langwieriger Kleinarbeit auf den noch restlos vorhandenen Kriegskarten die Marschwege vermessen und so ergab sich, daß die 46. Infanterie-Division in diesem Krieg rund 10 200 km marschierte und über 5700 km mit der Bahn zurücklegte.

Die im Verzeichnis aufgeführten Ortsnamen sind auszugsweise der Marschstraße der Division entnommen. Sie werden allen Kameraden Stichworte für ihre Erinnerungen geben. Die angegebenen 10 200 km sind einfacher Marschweg von Ort zu Ort. Nicht gerechnet sind alle im Gefecht gemachten Wege, das Hin und Her der Melder und Sanitäter, das Vor und Zurück der Essenholer und Nachschubfahrer. Sie machten nicht weiter von sich reden, aber es ist nicht vergessen.

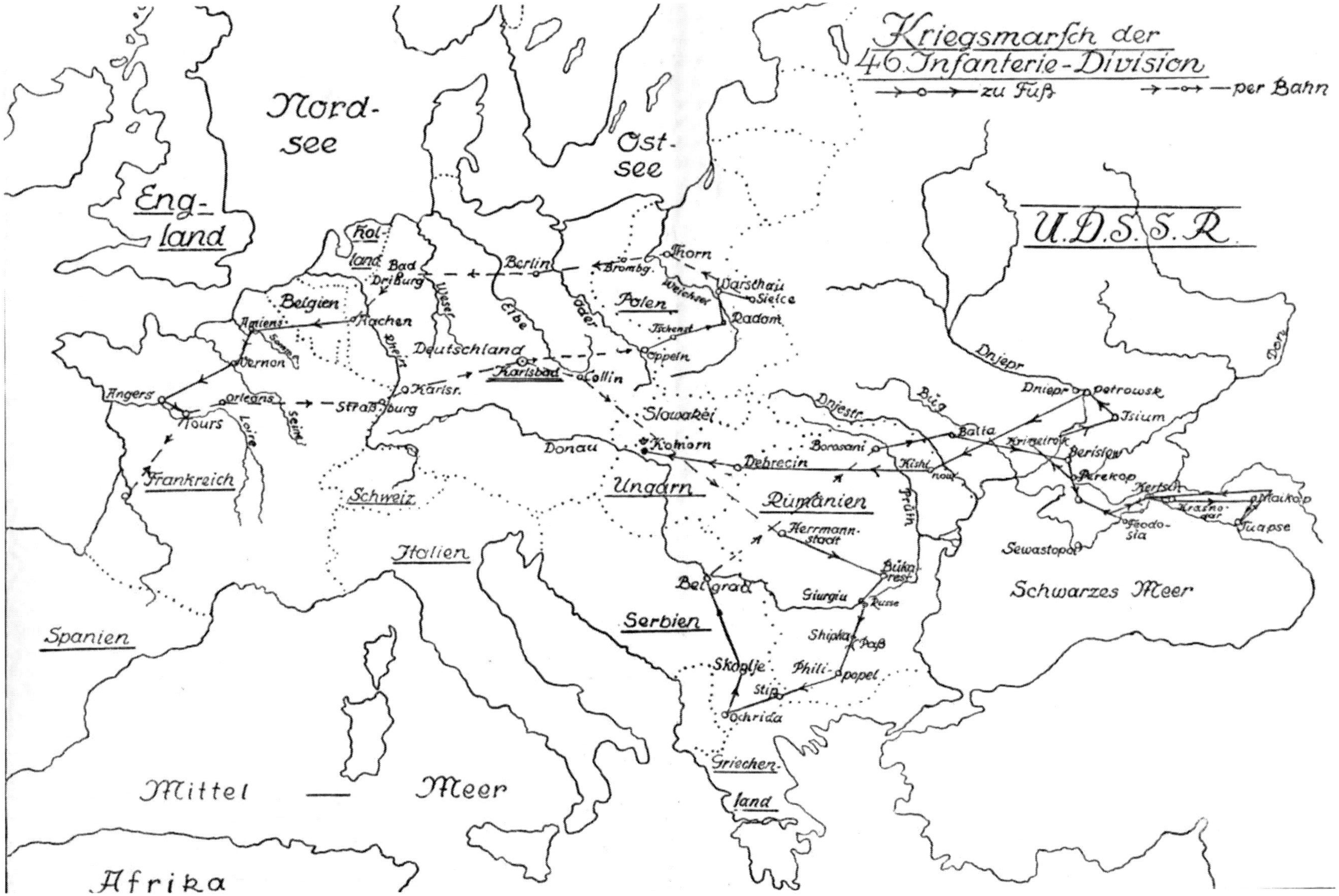
Kriegsmarsch der
46. Infanterie-Division
zu Fuß
per Bahn
Nord-
see
Ost-
see
Eng-
land
Hol-
land
Belgien
Frankreich
Deutschland
Polen
Slowakei
Ungarn
Rumänien
Serbien
Griechen-
land
Schweiz
Italien
Spanien
Afrika
Mittel — Meer
Schwarzes Meer
U.D.S.S.R.
Bad
Driburg
Berlin
Brombg.
Thorn
Warschau
Sielce
Radom
Oppeln
Aachen
Amiens
Vernon
Angers
Tours
Orleans
Straßburg
Karlsr.
Karlsbad
Collin
Komorn
Debrecin
Borosani
Herrmann-
stadt
Buka-
rest
Giurgiu
Russe
Shipka
Paß
Phili-
popel
Stip
Ochrida
Skoplje
Belgrad
Balta
Kishi-
nau
Krivoirog
Berislow
Perekop
Dniepr
Petrowsk
Isium
Kertsch
Krasno-
dar
Maikop
Tuapse
Feodo-
sia
Sewastopol
Weser
Elbe
Oder
Rhein
Weichsel
Somme
Seine
Loire
Donau
Dnjestr
Bug
Pruth
Don

Pi 88 auf dem Marsch – das Gepäck verlastet auf Mulis

VIII – Kommandeure und Führer Pionier-Bataillon 88

- **Quelle: Hans-Henning Podzun – Das Deutsche Heer 1939 (Podzun-Verlag 1953)**

- Stellenbesetzung der 2. und 3. Kompanie Pionier-Bataillon 88 (gültig ab 24.11.1938)

- Die Kompanien sind dem Pionier-Bataillon 10 unterstellt mit Standort Deggendorf. (vorläufig noch in Regensburg)

- Hauptmann Meiffert – 3. Kompanie (ehemals Pionier-Bataillon 22)
- Oberleutnant Spangenberg – 2. Kompanie (ehemals Pionier-Bataillon 31)
- Leutnant Anbuhl – 2. Kompanie (ehemals Pionier-Bataillon 31)
- Leutnant von Kampe – 2. Kompanie (ehemals Pionier-Bataillon 31)
- Leutnant Holze – 3. Kompanie (ehemals Pionier-Bataillon 22) –
- Leutnant Fannenböck – 3. Kompanie (ehemals Pionier-Bataillon 22)

- **Quelle: Scherzer, Veit – Deutsche Truppen im Zweiten Weltkrieg / Band 7**
  (Scherzers-Militaer-Verlag Ranis/Jena 2011)

Zeitraum	Kommandeur/Führer	Dienstrang	Name
26.08.1939 – 00.08.1940	Kommandeur	Major/ Oberstleutnant	Dr. Hahn, Eduard
00.08.1940 – 00.04.1942	Kommandeur	Hauptmann	List, Franz
00.04.1942 – 00.12.1942	Kommandeur	Hauptmann	Froehlich, Hans
00.01.1943 – 00.02.1943	Führer	Oberleutnant	Krauss, Fritz
00.02.1943 – 00.07.1943	Kommandeur	Major	von Schmides, Otto
00.07.1943 – 18.09.1944	Kommandeur	Hauptmann/ Major	Herold, Maternus
00.10.1944 – ?	Kommandeur	Hauptmann	Schauder, Helmut

Divisionskommandeur Generalmajor Ernst Haccius

IX – Ersatztruppenteil

- Quelle: http://www.lexikon-der-wehrmacht.de/Gliederungen/PionierBat/PiBat88.htm
- Die Ersatzgestellung für das Pionier-Bataillon 88 erfolgte durch das Pionier-Ersatz-Bataillon 17, welches am 26.08.1939 in Würzburg im Wehrkreis XIII aufgestellt wurde. Ab dem 29.03.1940 dann vom Pionier-Ersatz-Bataillon 46 aus Regensburg.

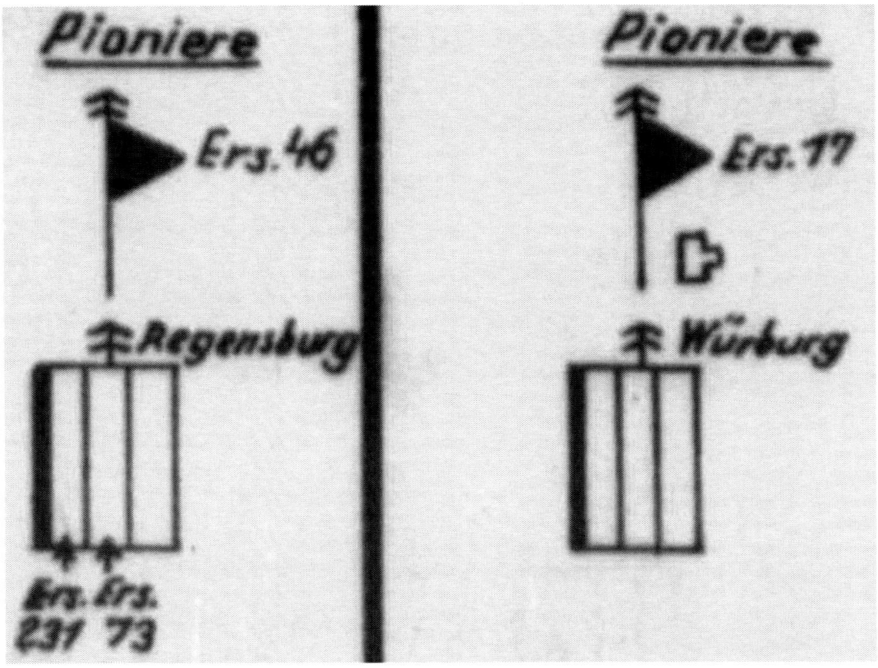

April 1940

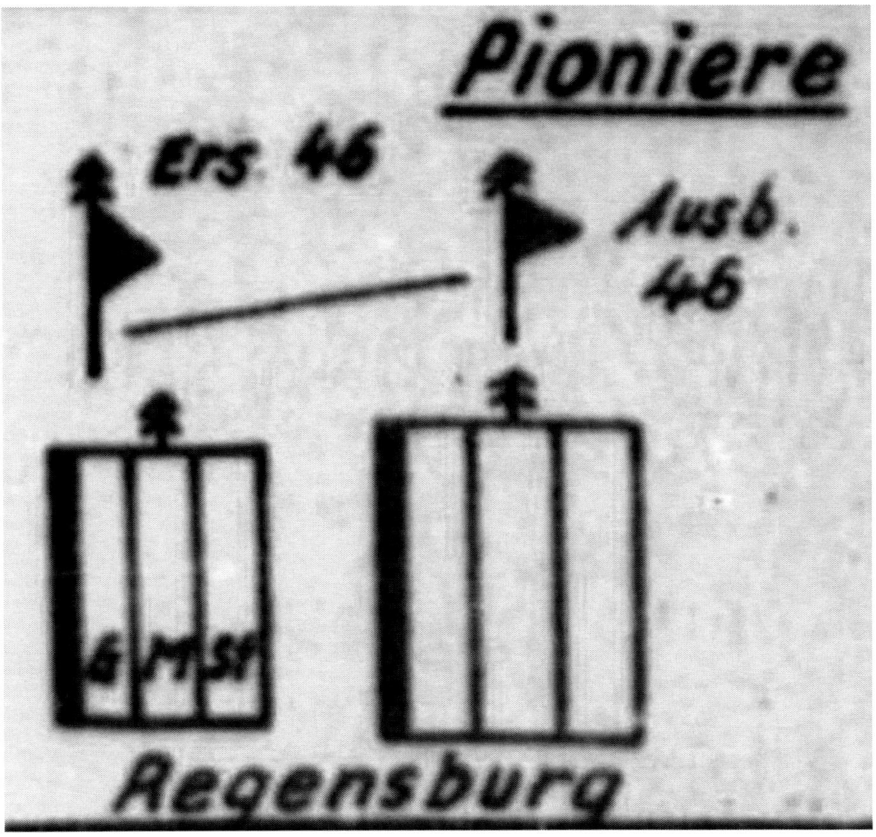

November 1942

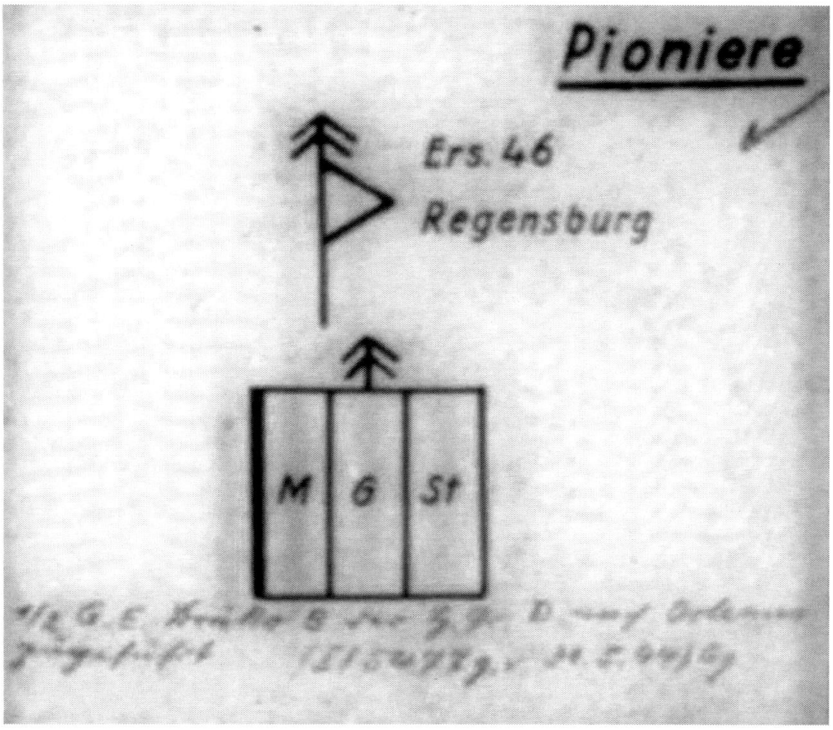

November 1943 mit Nachträgen ins Jahr 1944

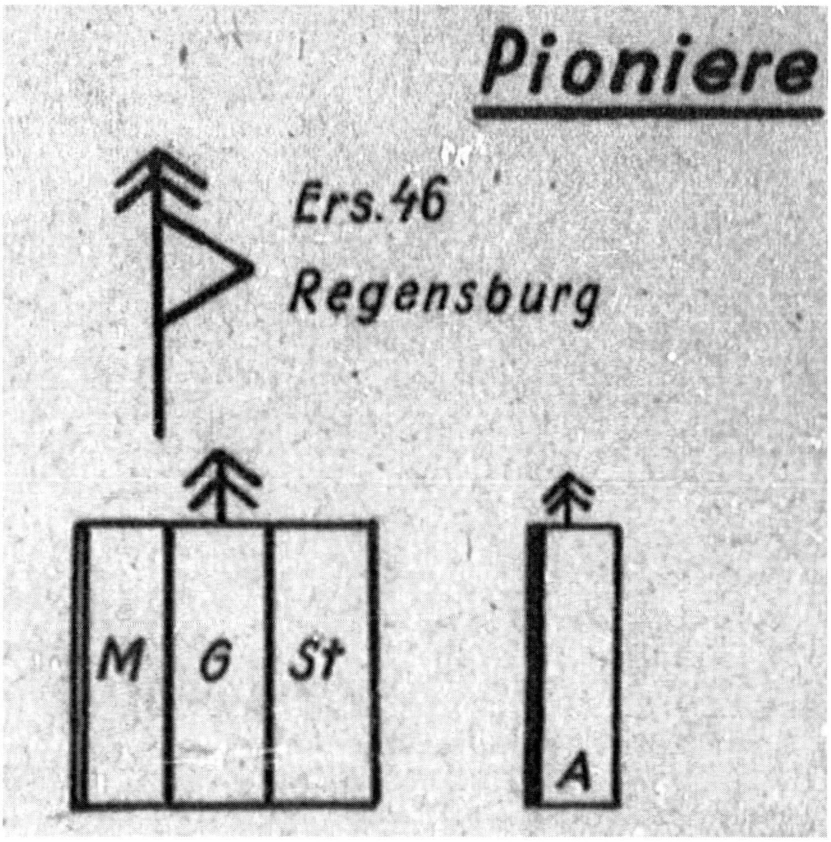

10.08.1944

- Das Pionier-Ersatz-Bataillon 46 wurde am 25.03.1945 mobil gemacht mit 12 Offizieren, 131 Unteroffizieren und 1016 Mannschaften und an der Front eingesetzt.

X – Feldpostnummern

- 31 132 – (Mobilmachung-1.1.1940) Stab Pionier-Bataillon 88
- 36 670 – (Mobilmachung-1.1.1940) 1. Kompanie Pionier-Bataillon 88
- 32 681 – (Mobilmachung-1.1.1940) 2. Kompanie Pionier-Bataillon 88
- 31 862 – (Mobilmachung-1.1.1940) 3. Kompanie Pionier-Bataillon 88
- alle gültig bis Kriegsende

- 37 924 – (Mobilmachung-1.1.1940) leichte Pionier-Kolonne Pionier-Bataillon 88,
  (28.4.1940-19.9.1940) Kolonne Pionier-Bataillon 88,
  (8.9.1943-22.4.1944) 25.03.1944 gestrichen

- 37 710 – (Mobilmachung-1.1.1940) Brücken-Kolonne C Pionier-Bataillon 88,
- (28.2.1941-29.7.1941) Brücken-Kolonne B Pionier-Bataillon 88,
- (12.3.1943-7.9.1943) Brücken-Kolonne B 88

- 37 528 – (1.3.1942-7.9.1942) 4. Kompanie Pionier-Bataillon 88, am 15.01.1944 gestrichen

Feldpostübersicht

Teil III

Band 7

11. Neudruck Stand vom 12. 9. 1944

(enthält Berichtigungslisten Nr. 1 bis 1582)

Pionier Btl. 88

Stab	31 132	XIII
1. Kp.	36 670	
2. Kp.	32 681	
3. Kp.	31 862	

XI – Hochausgezeichnete Pionier-Bataillon 88

Hochausgezeichnete des Pionier-Bataillons 88

- Quelle: Veit Scherzer – 46. Infanterie-Division (Scherzers-Militaer-Verlag Ranis/Jena 2009)

Name	Verleihungsdatum	Rang und Einheit
Ritterkreuz des Eisernen Kreuzes		
Rampf, Alois	04.10.1944	Oberleutnant der Reserve, Führer der 3. Kompanie
Ehrenblattspange (Namensnennung im Ehrenblatt des Deutschen Heeres)		
Echterhoff, Hans	17.09.1943	Oberleutnant und Chef der 2. Kompanie
Krauss, Fritz	17.03.1943	Oberleutnant und Kompaniechef
Deutsches Kreuz in Gold		
Echterhoff, Hans	01.07.1942	Oberleutnant in der 3. Kompanie
Grünauer, Heinrich	21.10.1944	Unteroffizier in der 3. Kompanie
Hager, Georg	26.12.1942	Unteroffizier in der 2. Kompanie
Herold, Maternus	02.07.1942	Oberleutnant in der 2. Kompanie
Hoffmann, Helmut	14.04.1942	Oberleutnant in der 1. Kompanie
Pürckhauer, Egbert	15.12.1944	Stabsarzt und Bataillonsarzt
Warming, Otto	28.04.1944	Oberleutnant in der 1. Kompanie
Wulf, Menno	14.10.1944	Fahnenjunker-Feldwebel in der 2. Kompanie

Oberleutnant Alois Rampf (?)

XII – Kameradschaft nach dem Krieg

1952 in Groschlattengrün

Bayreuth, Mitte August 1952

Liebe Kameraden!

Wie wir bereits mit Rundschreiben mitteilten und auch in der Tagespresse bekanntgegeben haben, findet am 13./14. September 1952 in B a y r e u t h das Treffen ehemaliger Angehöriger der 46. I.D. statt. Die zahlreichen Zuschriften, die auf die ersten Ankündigungen hin bereits eingegangen sind und Tag für Tag weiter einlaufen, beweisen, dass unserem Divisionstreffen grösstes Interesse entgegengebracht wird. Im einzelnen sind folgende Veranstaltungen vorgesehen:

Samstag, den 13.9.1952:

18.00 Uhr: Standkonzert des ehem. Div.-Musik-Korps mit Spielmannszug vor dem Neuen Schloss; anschliessend: Grosser Zapfenstreich.
20.00 Uhr: Kameradschaftsabend im Festzelt auf der oberen Au. Von einer kurzen Begrüssungsansprache abgesehen werden keine Festreden gehalten. Es spielt das Div.-Musik-Korps.

Sonntag, den 14.9.1952:

11.00 Uhr: Heldengedenkfeier am Mahnmal an der Leibnitz-Strasse. Es sprechen: Die ehem. Div.-Geistlichen beider Konfessionen, der Oberbürgermeister der Stadt Bayreuth, Herr R o l l w a g e n , sowie der ehem. Kommandeur der 46. I.D., Herr General der Infanterie a.D. K r i e b e l .
13.00 Uhr: Beisammensein in verschiedenen Lokalen der Stadt: I.R. 42 und I.R. 72 im Sonnensaal; I.R. 97, A.R. 114/115, Pi. 88, Pzj. 52, A.A. 46 und Div.-Einheiten in den Gemeindehaussälen; N.A. 76 im Gasthaus Seyferth in der Schulstrasse. Zu diesem Beisammensein sind insbesondere auch die Angehörigen unserer Gefallenen und Vermissten herzlichst eingeladen. In Verbindung mit dem Roten Kreuz wollen wir die Schicksale unserer Kameraden, die nicht mehr bzw. noch nicht zurückgekehrt sind, soweit wie nur irgend möglich aufklären.

Soviel zur Programmfolge, der wir noch einige Hinweise anfügen möchten:

1.) Einladung zum Treffen. Es ist uns unmöglich, jeden Einzelnen persönlich einzuladen. Jeder, der irgendwann zur 46. I.D. gehört hat, nimmt selbstverständlich an unserem Treffen teil. Wir werden in den nächsten Wochen sowohl in den Tageszeitungen wie auch in den Mitteilungsblättern der Sudetendeutschen Landsmannschaften bzw. in Rundschreiben usw. auf das Treffen unserer Division nochmals hinweisen; darüber hinaus ergeht aber an jeden Einzelnen die herzliche Bitte, auch von sich aus mit den Ihm bekannten Kameraden Fühlung aufzunehmen. Schreibt einander und vereinbart, dass Ihr Euch am 13./14. 9.52

b. w.

A. 221 421

64

DEUTSCHES ROTES KREUZ · SUCHDIENST MÜNCHEN · VERMISSTENBILDLISTE

Pi. Btl. 88 1. Kp. FPN: 36670

1. Zeile: Familienname, Vorname 2. Zeile: Beruf 3. Zeile: Geburtsdatum, LKD-Buchstabe 4. Zeile: beheimatet 1939 5. Zeile: Dienstgrad, Zusatzbuchstabe zur Feldpost-Nr. 6. Zeile: Ort und Zeit der letzten Nachricht

Aschenbrenner Max Schneider 26.7.14 A Blaibach/Ndby. Uffz. Ungarn 12.44	Bauer Max Schußmeister 17.1.14 A Wolfstein/Ndby. Ogfr. Osten o.A.	Beyerlein Richard Maurer 8.12.22 * A Stirn/Mfr. Ogfr. Gr.Meseritz 5.45	Bonhag Fritz Schlosser 29.6.24 A Gerolzhofen/Ufr. Gfr. 7.43	Brink Franz Anstreicher 30.9.08 X Westfalen Ogfr. Budapest 3.45
Dobmeier Alois Bäcker 22.11.20 * A Rötz/Opf. Pion. Nikolajew 8.41	Dröhsmar Hermann Arbeiter 29.4.08 0 Golpa/Sachs.A. Pion. Semmering 2.45	Eichfeld Helmut Autogenschweisser 21.2.23 0 Pössneck/Thüringen Ogfr. Ungarn 3.45	Epting Wilhelm Steingutgiesser 22.6.11 J Hornberg/Bad. Ogfr. Kotljarowka 10.43	Förster Erich Gärtner 16.8.12 0 Torgau/Anhalt Gfr. Ungarn 3.45
Gierden Johann Arbeiter 21.6.09 L Düsseldorf Gfr. D Kischinew 8.44	Hamm Johann Arbeiter 24.6.12 A CSR Sold. Krim o.A.	Hartwig Walter Landarbeiter 4.4.12 U Rengersdorf/Schl. Ogfr. Schewtschenko 7.43	Kernke Hugo Schreiner 29.9.18 X Wanne-Eickel Ogfr. o.A. 11.44	Koseck Alfons Arbeiter 22.12.08 T Lehrte/Hann. Sold. Ungarn 10.44
Kremba Johann Schreiner 24.10.10 * C Würzburg Stfw. Ungarn 3.45	Lange Heinrich Angestellter 16.4.22 0 Schwarzbach/Sachs. Ogfr. Nagybatony 12.44	Langhammer Josef Bergarbeiter 20.3.14 A CSR Ogfr. Haidesimson 10.44	Löffler Johann Landarbeiter 15.8.14 A Premeischl/Opf. Stgfr. Isyum 7.43	Ludwig Georg Schreiner 11.2.14 A Sulzbach/Oberpfalz Ogfr. Ukraine 6.41

FU 210

Diese Vermißtenbildliste gehört Ihnen, damit sie jederzeit für Sie greifbar ist.

BITTE DENKEN SIE DARAN:

Diese Vermißten gehörten Ihrer Wehrmachteinheit an

Nur die ehemaligen Soldaten der deutschen Wehrmacht können über das Schicksal ihrer vermißten Kameraden Auskunft geben und so den Angehörigen endlich Gewißheit vermitteln. Die auf diesem Blatt abgebildeten, bzw. aufgeführten Kameraden Ihrer ehemaligen Einheit sind immer noch vermißt. Bitte helfen Sie nach Kräften mit, Ihr Schicksal zu klären!

Auch ein kleiner Hinweis kann weiterhelfen

Sagen Sie nicht gleich, Sie wüßten nichts mehr über den Verbleib dieser Kameraden! Sehen Sie sich bitte die Liste in Ruhe an. Ihre Aussage über einen Kameraden hilft ein Schicksal klären und damit eine Familie von quälender Ungewißheit befreien. Auch ein Hinweis, der Ihnen selbst unwichtig erscheinen mag, ist oft für die weiteren Nachforschungen bedeutsam.

Ihre eigenen Feldpostbriefe oder Tagebuch-Notizen können, soweit Sie noch über solche Aufzeichnungen verfügen, nützlich sein. Sollten Sie mit anderen Kameraden Ihrer Einheit zusammenkommen, sprechen Sie die Liste mit ihnen durch.

Einsatzweg der Einheit für den Suchdienst wichtig

Darüber hinaus ist es für den Suchdienst wichtig, Angaben über die letzten Einsätze Ihrer Einheit zu erhalten. Ein möglichst abgerundetes Bild von diesem Einsatzweg kann Ansatzpunkte für neue Ermittlungen ergeben.

Früher bereits gemachte Aussagen nicht wiederholen!

Sollten Sie über einen der umseitig aufgeführten Kameraden dem DRK-Suchdienst früher bereits Mitteilungen gemacht haben, ist eine Wiederholung unnötig. Der Vermißte ist noch einmal aufgeführt, weil sein Schicksal noch nicht eindeutig geklärt ist.

Ihre Aussage muß eine „Heimkehrer-Erklärung" sein

Jede Auskunft über einen Vermißten bzw. jeder Hinweis auf seinen Verbleib muß auf ein vorgedrucktes Formblatt, die „Heimkehrer-Erklärung" geschrieben und mit Ihrer Unterschrift versehen werden.

Wie und wem geben Sie die „Heimkehrer-Erklärung" ab?

Ihre Angaben nehmen die Suchdienstmitarbeiter der Kreisstelle des DRK entgegen. Dort werden auch die Formulare „Heimkehrer-Erklärung" für Sie bereitgehalten.

Wenn Sie die vorliegende Liste durch eine Soldaten-Kameradschaft erhalten haben, können Sie Ihre Aussage über einen vermißten Kameraden auch dort abgeben.

Es ist auch in diesem Fall sichergestellt, daß die durch Sie gewonnenen Heimkehrererklärungen dem DRK-Suchdienst zugehen.

Es ist möglich, daß Sie nochmals Bildlisten erhalten. Diese betreffen dann andere Vermißte oder in Kriegsgefangenschaft verschollene Kameraden. Das Deutsche Rote Kreuz bezieht sich dabei auf Ihre eigenen Angaben über die Zugehörigkeit zu Wehrmachteinheiten und Ihren Aufenthalt in Kriegsgefangenschaft.

Sie erfüllen eine letzte Kameradenpflicht! — Denken Sie daran!

Denken Sie vor allem daran, wie leicht es hätte geschehen können, daß auch Ihr Name in diesen Listen hätte verzeichnet werden müssen, und wie dankbar Ihre eigenen Angehörigen dann für eine Auskunft gewesen wären.

Lindner Georg
Pechbrunn, Werkstr. 35

Die Verwendung der Vermißtenbildliste für Ausstellungszwecke bedarf in jedem Falle der ausdrücklichen Zustimmung des DRK-Suchdienstes.

3. Kameradschaftstreffen

der Fränkisch-Sudetendeutschen

46. Infanterie-Division

am 15. und 16. Juni 1957 in Bayreuth

Veranstaltungsfolge

Samstag,		Eintreffen der Teilnehmer
15. Juni 1957	17 18 Uhr	**Standkonzert** am Luitpoldplatz
	20 Uhr	**Kameradschaftsabend** innerhalb der Einheiten in ihren Standquartieren, dabei Aufklären von Vermißten-Schicksalen
Sonntag,	8.30 Uhr	Katholischer Gottesdienst in der Schloßkirche
16. Juni 1957	9 Uhr	Evang. Gottesdienst in der Stadtkirche
	11 Uhr	**Gefallenen-Ehrung** am Mahnmal an der Leibnizstr Es sprechen: die beiden Divisionsgeistlichen, der Oberbürgermeister der Stadt Bayreuth, der letzte Divisions-Kommandeur, General Reuter
	ab 14 Uhr	**Gartenfest am Schießhaus St. Georgen** Treffen sämtlicher Einheiten der Division

Leitung, Quartieramt, Meldekopf und Auskunft
Städtisches Verkehrsamt am Luitpoldplatz

Suchdienst Am Samstag in den Standquartieren, am Sonntag im Schießhaus St. Georgen, dort Rückgabe der Formblätter und Listen an Kamerad Lindstadt AR 114

Standquartiere

Div.-Stab und AR 114/115	Wintergarten Hotel Post, am Bahnhof
Dinfü	Nebenzimmer Hotel Schwarzes Roß, Ludwigstraße
Sanitäts-Einheiten	Oberes Tor, Richard-Wagner-Straße
Panzerjäger 52 und I.R.72	Maisel-Bräu, Maxstraße
Pi 88 und AA 46	Weihenstephan, Bahnhofstraße
J.R. 42	Sonnensaal, Richard-Wagner-Straße
J.R. 97	Gemeindehaus, Richard-Wagner-Straße

Es grüßt vom
Kameradschaftstreffen der 46. J.D. in Bayreuth:

Kameradschaftstreffen Pionier-Bataillon 88		
# 1	17./18.06.2967	Neumarkt/Oberpfalz
# 3	21./22.06.1969	Neumarkt/Oberpfalz
# 3	17./18.06.1972	Deggendorf
# 4	28./29.06.1975	Neumarkt/Oberpfalz
# 5	25.726.06.1977	Deggendorf
# 6	23./24.06.1979	Neumarkt/Oberpfalz
# 7	30./31.05.1981	Deggendorf
# 8	14./15.05.1983	Neumarkt/Oberpfalz
# 9	18./19.05.1985	Deggendorf
# 10	30./31.05.1987	Neumarkt/Oberpfalz

XIII – Quellen

- Manuskript von Hanns Neubauer aus dem Jahre 1969 im Leitz-Ordner

- Podzun, Hans-Henning – Das Deutsche Heer 1939 (Podzun-Verlag 1953)
- Scherzer, Veit – 46. Infanterie-Division (Scherzers-Militaer-Verlag Ranis/Jena 2009)
- Scherzer, Veit – Deutsche Truppen im Zweiten Weltkrieg / Band 7 (Scherzers-Militaer-Verlag Ranis/Jena 2011)
- von Bentheim, Alexander (Oberst a.D.) – Der Weg der 46. Infanterie-Division (1952)

- alle Todeskarten – Quelle: ancestry.com/BArch

- diverse NARA-Signaturen der Reihe T 78

XIV – Hinweis auf meine Buchreihe „Heeresartillerie"

„Organisationsgeschichte der deutschen Heeresartillerie im II. Weltkrieg"

- Buchreihe zur Geschichte der deutschen Heeresartillerie -

von Uwe Kleinert

Infos auf: www.balsi.de/heeresartillerie

Band 1 bis 5 im Set (erhältlich nur im Eigenverlag)

Band 6 und 7 (Cover der „Books-On-Demand“ Edition)

Band 8 und 9 (Cover der „Books-On-Demand“ Edition)

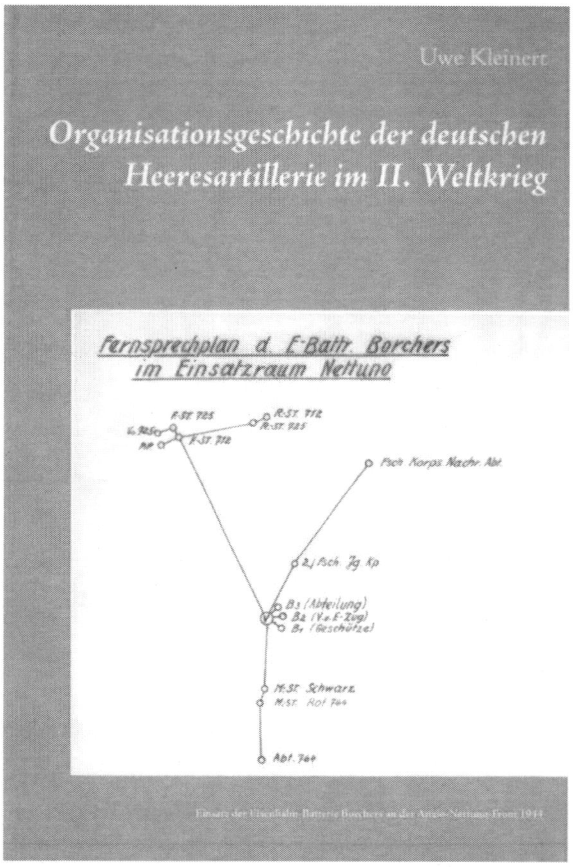

Band 10 (Cover der „Books-On-Demand“ Edition)

Band 11 und 12 (Cover der Eigenverlag-Auflagen, sind auch erhältlich über „Books-On-Demand“)

In Kürze (Sommer 2021):

Organisationsgeschichte des Kriegskarten- und Vermessungswesens

in 2 Bänden

Band 13 a und 13 b